…ICATION DE LA RÉUNION DES…

ÉTUDE
SUR
LES CADRES ET LE BUDGET
DES ARMÉES

ESSAI D'ORGANISATION NOUVELLE

PAR

A. SIMOUNEAU

ANCIEN ÉLÈVE DE L'ÉCOLE POLYTECHNIQUE,
ANCIEN CAPITAINE DU GÉNIE, SOUS-INTENDANT MILITAIRE,
CHEVALIER DE LA LÉGION D'HONNEUR.

PARIS
IMPRIMERIE ET LIBRAIRIE MILITAIRES
J. DUMAINE
RUE ET PASSAGE DAUPHINE, 30

1874

ÉTUDE

SUR

LES CADRES ET LE BUDGET

DES ARMÉES.

Paris. — Imprimerie de J. Dumaine, rue Christine, 2.

PUBLICATION DE LA RÉUNION DES OFFICIERS.

ÉTUDE

SUR

LES CADRES ET LE BUDGET

DES ARMÉES

ESSAI D'ORGANISATION NOUVELLE

PAR

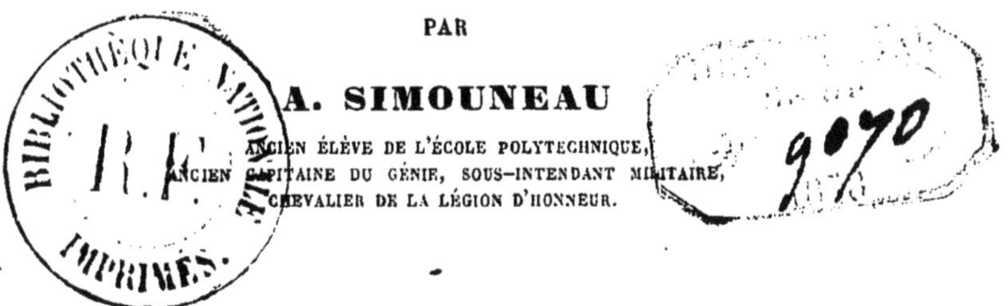

A. SIMOUNEAU

ANCIEN ÉLÈVE DE L'ÉCOLE POLYTECHNIQUE,
ANCIEN CAPITAINE DU GÉNIE, SOUS-INTENDANT MILITAIRE,
CHEVALIER DE LA LÉGION D'HONNEUR.

Extrait du **Journal des Sciences militaires**

PARIS
IMPRIMERIE ET LIBRAIRIE MILITAIRES
J. DUMAINE
RUE ET PASSAGE DAUPHINE, 30

1874

ERRATA

Page 21, 15e ligne, *au lieu de* 500 mètres, *lisez* 300 mètres.
Même page, 29e ligne, *au lieu de* 200 à 220 mètres, *lisez* 100 à 120 mètres.

Nota. — En vue d'une prochaine édition, beaucoup plus développée, l'auteur prie MM. les Officiers qui auraient à faire, au sujet de ce travail, des observations, propositions ou rectifications, de vouloir bien les lui adresser à Paris, 19, rue Duphot, ou Hôtel-des-Invalides.

ÉTUDE

SUR LES

CADRES ET LE BUDGET DES ARMÉES

Depuis la chute du premier Empire jusque dans ces derniers temps, les pouvoirs législatifs en France ont été investis du droit de déterminer *chaque année* les deux éléments de la puissance militaire du pays. Par le vote périodique de deux lois importantes, — celle du contingent qui fixait le nombre d'hommes à appeler sous les drapeaux, et celle du budget qui établissait avec précision le montant de toutes des dépenses militaires, — se manifestait l'intervention *annuelle* de ces pouvoirs, et cette intervention n'était généralement considérée que comme l'exercice normal et régulier d'un des droits indéniables de la souveraineté nationale.

Cependant, à la suite de nos récents désastres, quand il fut évident que des modifications profondes devaient être apportées à notre organisation militaire, l'on fut amené à reconnaître qu'il y avait de graves inconvénients à conserver un système suranné et vicieux qui, sous le prétexte de maintenir des prérogatives respectables, pouvait faire dépendre la constitution régulière et la force de notre armée, de circonstances éminemment passagères ou de la disposition politique des membres des assemblées délibérantes.

En même temps que l'on constatait l'obligation d'accroître considérablement nos effectifs militaires, on fut donc d'avis qu'il y avait lieu de donner aux éléments constitutifs de l'armée une stabilité et une organisation rationnelle, destinées à rendre cette armée incomparablement plus puissante. De là est venue la nécessité d'élaborer et de voter, une fois pour toutes, deux lois fondamentales : l'une réglant le mode de recrutement de tous les jeunes Français valides susceptibles d'être appelés sous les drapeaux, l'autre embrassant successivement tous les services et tous les rouages de l'armée et en réglant le mode d'action.

Malheureusement, si la loi du recrutement votée récemment offre un caractère immuable et général qui la rend, en quelque sorte, indépendante des dispositions politiques momentanées des pouvoirs législatifs, il n'en est pas de même de la loi de réorganisation proprement dite.

Celle-ci en effet se trouve, dans son application, intimement liée à la loi annuelle du budget. Le maintien des organisations adoptées, l'entretien des cadres et des effectifs minimum entraîneront des dépenses périodiques qui prendront leur place dans les charges totales imposées au pays.

Cette loi de réorganisation — qui n'est actuellement votée qu'en partie, puisqu'il reste encore à déterminer les cadres des corps de troupe et le fonctionnement des états-majors et des services administratifs — n'affectera donc pas absolument ce caractère de permanence et de stabilité que quelques militaires eussent désiré lui voir acquérir. Le budget du ministère de la guerre, au lieu d'être voté en bloc pour une assez longue période d'années, ainsi que cela a lieu en Allemagne, continuera encore chaque année à être débattu, point par point, dans tous ses détails.

Dans l'état présent de nos institutions politiques, non-seulement donc les militaires doivent s'attendre à continuer de défendre chaque année l'ensemble de leur budget contre les intérêts et les préoccupations des contribuables, mais encore ils doivent se résigner à laisser hors de leurs mains la détermination précise du chiffre annuel de toutes les dépenses de l'armée, article par article.

D'où il résulte que, dans l'avenir, la stricte observation de la nouvelle loi de réorganisation sera forcément influencée par le chiffre total des dépenses que son application entraînera. Car si le montant des dépenses nécessitées par l'entretien complet des cadres définis par cette loi se trouve hors de proportion avec les ressources du pays, si celui-ci trouve trop lourde la surcharge qui lui est imposée comparativement à l'ancien état de choses, il est évident que, tôt ou tard, quand le souvenir de nos récents désastres commencera à s'effacer de l'esprit des populations et des législateurs, ceux-ci se laisseront entraîner à restreindre, pièce à pièce, tel ou tel crédit affecté à certains services, en apparence secondaires, et compromettront ainsi inconsciemment la solidité de l'ensemble de notre édifice militaire.

Il est donc inutile d'insister sur ce fait, qu'il est de la première importance de constituer une organisation militaire, suffisante sans doute, mais strictement limitée par la plus extrême économie. Si, nous laissant trop influencer par les sentiments de douleur et d'humiliation que nous ont causés nos défaites, nous voulions édifier immédiatement un ensemble de corps de troupe trop nombreux et trop riches en cadres, il arriverait forcément que, dans un avenir peut-être rapproché, nous ne pourrions plus soutenir les charges d'un état militaire à l'étendue duquel nous nous serions laissé entraîner sans réflexion. Alors, pour ne pas modifier les grandes lignes de notre organisation, l'on chercherait sans doute à réaliser des économies dans les détails, on réduirait le nombre des simples soldats incorporés sous les drapeaux, on accorderait abusivement des dispenses ou des congés, on cesserait d'entretenir ou de renouveler une partie du matériel, ou l'on supprimerait les dépenses affectées à l'instruction des réservistes et de l'armée territoriale : et l'exemple du désastre que de telles pratiques ont occasionné est encore trop présent à nos yeux pour que nous puissions conseiller d'adopter des dispositions qui rendraient ces pratiques en quelque sorte nécessaires.

Du reste, avant de commencer l'analyse du budget de la guerre en France, et avant d'exposer à quel système militaire et à quelle constitution rationnelle cette analyse va nous conduire, il est bon d'examiner d'abord, au point de vue économique, la série des principaux projets d'organisation qui ont été présentés. Nous observerons sans peine qu'à mesure que nous nous éloignons des événements de la dernière guerre, à mesure que la réflexion fait disparaître dans les esprits le premier sentiment d'exagération dû au désir d'une revanche éclatante et prompte, ces projets se présentent avec un ensemble moins vaste et des lignes plus restreintes. Les observations que nous venons de faire ci-dessus se sont en effet imposées d'elles-mêmes rigoureusement aux écrivains militaires et aux législateurs.

Analyse sommaire des principaux projets présentés.

Nous laisserons de côté les premiers systèmes qui ont été proposés au lendemain de notre défaite, et dans lesquels on avait la prétention d'organiser et de mettre sur pied, au besoin, une armée de plusieurs millions d'hommes. Nous n'analyserons pas non plus les projets beaucoup plus complets et plus sérieux qui ont été soumis à l'Assemblée nationale par M. Farcy, par M. le général Chareton et par d'autres officiers. Ces projets étaient antérieurs au vote de notre nouvelle loi de recrutement, et ils se trouveraient maintenant en contradiction formelle avec celle-ci sur plusieurs points importants.

Nous nous arrêterons au contraire assez longuement sur le projet déposé le 30 janvier 1873, par le gouvernement de M. Thiers, avec l'assentiment du Conseil supérieur de la guerre. Bien que la première partie de la loi de réorganisation ait été votée depuis, contrairement aux propositions et aux principales idées émises dans ce projet, celui-ci présente néanmoins beaucoup d'intérêt, à cause des calculs exacts qui l'appuient. Ces calculs, dressés avec soin au ministère de la guerre, sur pièces authentiques, établissent avec précision le prix de revient et d'entretien des divers éléments de l'armée; ce sont encore ceux qui viennent à l'appui du projet de loi présenté à l'Assemblée nationale pour la fixation des recettes et des dépenses de l'exercice 1874. Nous trouverons donc dans l'examen et dans la reproduction de ces chiffres, les documents officiels qui vont plus loin nous servir de base pour les comparaisons que nous voudrons faire, et les propositions que nous aurons à émettre.

Tout d'abord, ce que l'on remarque dans ce projet, c'est l'intention marquée et persistante de maintenir les principaux errements et les organisations des anciennes armées impériales : par exemple, les dépôts séparés des portions actives, les bataillons à six compagnies, etc. La composition des cadres et l'effectif de guerre de chaque régiment devaient rester sensiblement les mêmes qu'avant 1870. Les régiments d'infanterie, notamment, auraient continué à comprendre trois bataillons actifs à six compagnies, plus un dépôt formant quatrième bataillon, en tout vingt-deux compagnies; les bataillons de chasseurs auraient eu sept compagnies; les régiments de cavalerie, cinq, six ou huit escadrons, suivant la race ou la taille du cheval affecté à ces régiments. Les régiments d'artillerie auraient été à treize batteries, ceux du génie à dix-sept compagnies, et ceux des zouaves ou des tirailleurs algériens à vingt-six compagnies.

On rechercherait en vain, à cette extrême diversité de types et de chiffres, des raisons plausibles et valables. Pourquoi dix-sept compagnies au régiment dans le génie, et vingt-deux dans l'infanterie? Pourquoi des bataillons-dépôts de quatre compagnies et non pas de trois, de cinq ou de six? Pour quelle raison fixerait-on à treize le nombre d'unités dans le régiment d'artillerie et à vingt-cinq dans le train? Comme aucun exposé des motifs n'est venu appuyer ce projet, l'on en est réduit à supposer que, pour la détermination de tous ces types divers, l'on a fait appel à des procédés empiriques aussi peu raisonnés que justifiés.

Mais examinons le projet au point de vue budgétaire et voyons à quel prix reviendraient les cadres de l'un de ces régiments. Nous choisirons pour objet spécial de notre étude le régiment d'infanterie.

Comme nous l'avons dit, les cadres du régiment devraient être absolument les mêmes que ceux qui étaient déterminés depuis bien longtemps dans l'armée française par l'usage et par les règlements (notamment par l'ordonnance de 1841). Il y aurait donc eu encore le grand et le petit état-major du régiment, la compagnie hors rang, puis vingt-deux compagnies (au lieu de vingt-quatre), ayant chacune trois officiers, un sergent-major, quatre sergents, etc. Tous les cadres nécessaires au pied de guerre eussent été entretenus, soldés et présents au corps pendant la paix. Tout au plus dans le projet que nous examinons admet-on, en cas de mobilisation, l'appel dans les bataillons-dépôts d'officiers et de sous-officiers de l'armée territoriale venant compléter ceux-ci. Nous n'avons pas besoin d'insister, croyons-nous, sur les défauts de cette organisation.

Le total des dépenses annuelles des cadres d'un tel régiment s'établit ainsi qu'il suit :

Solde de 84 officiers de tous grades.	234,023 fr.
Solde de 444 sous-officiers, caporaux et soldats des cadres.	96,171
Accessoires et indemnités diverses, frais de bureau et de représentation, gratifications, etc.	20,798
Abonnements, masse d'entretien, première mise aux sous-officiers promus	14,760
Habillement des cadres.	21,644
Prestations diverses en nature allouées à ceux-ci (vivres, chauffage, hôpitaux, etc.).	119,626
Fourrages et entretien de 13 chevaux d'officiers. . .	7,714
Total.	514,736 fr.

Ainsi, pour chaque nouveau régiment créé suivant le projet du gouvernement de M. Thiers, il en résulterait pour le budget annuel un surcroît de dépenses de 514,736 francs [1].

En multipliant ce chiffre par celui des nouveaux corps qui ont été créés depuis 1870 pour porter au complet le nombre de nos régiments et le mettre en harmonie avec notre nouvelle organisation militaire (18 corps d'armée à 8 régiments, soit 144 régiments), on trouverait que, toutes choses égales d'ailleurs, l'adoption de ce projet entraînerait, rien que pour l'entretien des cadres de l'infanterie, un surcroît de dépenses annuelles de 23 millions sur le budget de 1870.

L'exagération de ce chiffre, — qu'il faut plus que doubler pour l'extension proportionnelle à donner aux autres armes, — n'est-elle

[1] L'entretien des 1100 simples soldats incorporés dans un tel régiment ne coûterait que 472,483 francs. C'est-à-dire que la dépense d'entretien du cadre est supérieure à celle des soldats combattants, pour l'infanterie. Pour la cavalerie et l'artillerie, on trouverait de même que la dépense des cadres régimentaires est plus que le double de celle des simples soldats. Ces chiffres et ces proportions indiquent donc immédiatemen l'importance de la question de la composition des cadres, au point de vue budgétaire.

pas significative, et n'y aurait-il pas lieu de craindre que le pays ne puisse en supporter longtemps le poids, si l'on considère surtout, en outre, l'augmentation constante du prix d'entretien des troupes par suite du renchérissement de toutes choses, et l'obligation où nous nous trouvons de renouveler la plus grande partie de notre matériel de guerre et de perfectionner les fortifications de nos places fortes ?

Mais la question budgétaire, qui vient de nous dévoiler un des vices fondamentaux de ce système, n'est elle-même que peu de chose auprès d'un inconvénient majeur bien autrement grave qui va se révéler dans ce projet d'organisation, lorsque nous allons envisager la question des effectifs minimum de simples soldats à entretenir en temps de paix dans les compagnies.

Il est reconnu et généralement admis que l'effectif total des hommes que nos ressources financières nous permettent d'entretenir chaque année sous les drapeaux ne peut dépasser 455,000 hommes, cadres compris. Si l'on défalque de ce chiffre l'armée d'Algérie (62,000 hommes) et la part proportionnelle réservée aux diverses armes, on trouve sans peine (voir les tableaux d'effectif annexés au budget de 1874) que le total des troupes d'infanterie employées en France ne saurait dépasser 231,000 hommes. Or, si dans les 144 régiments d'infanterie et les 36 bataillons divisionnaires de chasseurs nous avons déjà 85,931 officiers et soldats des cadres, il reste donc au plus pour l'effectif des simples soldats à répartir dans ces corps un chiffre de 145,069 hommes. Comme il y a 3,420 compagnies, chaque compagnie ne compterait donc normalement que 42 simples soldats [1] en moyenne.

Ce chiffre se passe de commentaires. Si l'on observe quelle est la proportion de ces quarante-deux soldats qui sera chaque jour distraite des rangs, soit comme ordonnances, plantons, hommes malades, détenus, en congé, soit pour les corvées, la cuisine, les gardes ou le service de place, on voit ce qui restera effectivement à la disposition des officiers pour le travail journalier. A peine quinze hommes par compagnie ! Comment ensuite passer avec facilité et sans embarras de ces effectifs dérisoires au complet de mobilisation ? Et même en temps de paix, comment sera-t-il possible de manœuvrer sérieusement avec de tels effectifs ? Comment se livrer d'une manière fructueuse à l'instruction des cadres et employer le temps des officiers et des sous-officiers ? De quel dégoût et de quelle oisiveté funeste ceux-ci ne seront-ils pas menacés ?

---

[1] Dans les tableaux annexés au budget, on établit que ce nombre de soldats sera de 50 par compagnie. Mais il y a lieu de remarquer que, pour 1874, on ne prévoit l'existence que de 127 régiments, tandis qu'il a fallu en organiser 144 pour compléter les 18 corps d'armée.

Sans pousser plus loin notre analyse critique, nous venons donc de reconnaître dans le projet présenté par le gouvernement de M. Thiers deux vices organiques radicaux qui sont : l'exagération trop onéreuse du nombre d'officiers et d'hommes des cadres, et l'impossibilité de remplir ces cadres en temps de paix d'un nombre de soldats suffisant pour permettre le développement de l'instruction.

Aussi, ces défauts irrémédiables se sont-ils opposés à l'adoption de ce projet par la commission chargée par l'Assemblée nationale d'élaborer le projet de loi fixant définitivement les cadres de la nouvelle armée. Cette commission a dû reconnaître qu'il fallait proposer de modifier entièrement dans leur essence les anciennes organisations, pour les mettre en harmonie, sans trop surcharger le budget, avec le nombre d'hommes que la récente loi de recrutement permet d'incorporer dans les régiments. Voici le résumé du travail et du projet de cette commission :

D'abord elle a établi en principe qu'une portion des cadres pouvait sans inconvénients être composée de réservistes gradés, rappelés sous les drapeaux seulement au moment de la mobilisation, et elle a fait voter dans la loi de réorganisation cette disposition importante qui constitue un progrès réel. Les cadres en temps de paix seront donc réduits au strict nécessaire, débarrassés surtout des sinécures, et renforcés au moment de la mobilisation à l'aide de sous-lieutenants ou de sous-officiers et caporaux réservistes.

Ensuite la commission propose de réduire très-sensiblement le nombre des unités tactiques et administratives ; cette diminution résulterait, pour l'infanterie, d'abord de la disparition complète des compagnies de dépôt, puis de la réduction à quatre du nombre des compagnies de chaque bataillon, enfin de la suppression d'un certain nombre de bataillons de chasseurs à pied.

Pour ces derniers, la question ne paraît pas définitivement tranchée. Cependant il semble certain qu'il n'y aurait plus qu'un seul bataillon de chasseurs par corps d'armée.

Nous n'insisterons pas ici sur la suppression complète des dépôts de régiment, et sur leur remplacement par des dépôts permanents de subdivision régionale composés uniquement d'un minime état-major et de deux cadres de compagnies. Il y a longtemps qu'une telle modification est réclamée par une fraction considérable des écrivains militaires. Pour nous, nous pensons qu'avant d'être adoptées, ces nouvelles dispositions méritent des études approfondies et une expérimentation sérieuse. Mais, en compensation, nous ne saurions qu'approuver la suppression des grades et emplois peu justifiés qui encombraient certains corps, notamment dans les armes spéciales.

Quant au projet de réduction à quatre du nombre des compagnies de chaque bataillon d'infanterie, nous croyons qu'il exige un examen tout à fait sévère, et nous pensons avec beaucoup d'officiers qu'il y a là matière à discussion et à controverse.

Voici, d'après le projet préparé au moment du vote de la loi de réorganisation, et momentanément ajourné, quelle devrait être la composition du cadre de la compagnie d'infanterie :

Capitaine commandant	1
Capitaine en second.	1
Lieutenant et sous-lieutenant. .	2
Sergent-major.	1
Sergent-fourrier.	1
Sergents.	4
Caporaux	8
Tambour et clairon.	2
Total	20

Ce cadre est celui du pied de paix. Il est destiné sur ce pied à recevoir 100 simples soldats. L'effectif total de la compagnie sera donc alors de 120, celui du bataillon (4 compagnies) d'environ 500 hommes et celui du régiment (état-major, 3 bataillons et section hors rang) de 1,541 hommes tout compris.

Sur le pied de guerre, la compagnie se renforce de : 1 sous-lieutenant auxiliaire, 2 sergents, 7 caporaux, 2 clairons et 128 simples soldats, ce qui porte son effectif au complet de mobilisation à 260 hommes, dont 5 officiers. Le régiment mobilisé à 3 bataillons devient alors fort de 3,208 hommes, et il laisse derrière lui un dépôt d'environ 1100 hommes constitué avec sa section hors rang et les deux cadres de compagnie du dépôt régional permanent.

Ce projet présente un progrès très-réel sur le système présenté par le gouvernement de M. Thiers.

D'abord, au point de vue budgétaire il procurerait sur celui-ci une économie annuelle que la commission évalue à 8,933,709 francs, rien que pour les cadres de l'infanterie, tout en conservant le même nombre de régiments. En effet, en adoptant ce projet qui réduit à douze par régiment le nombre de compagnies, l'on maintient le nombre actuel d'officiers supérieurs et de capitaines, mais l'on réduit à peu près de moitié le nombre de lieutenants, sous-lieutenants, sous-officiers, caporaux et tambours.

Ensuite nous venons de voir que sur le pied de paix l'on peut entretenir, dans chaque compagnie, un effectif constant de 100 simples soldats. On s'est efforcé ainsi de garnir les compagnies d'un nombre d'hommes suffisant pour permettre l'instruction et les manœuvres.

Enfin, sur le pied de guerre, l'ensemble des quatre régiments d'infanterie de chaque division fournit un total de 12,832 hommes, ce qui avec les chasseurs à pied donne au corps d'armée un effectif de 26,720 fantassins, au complet de mobilisation. Ce chiffre est très-rapproché de celui que l'on doit en effet rationnellement chercher à atteindre pour le corps d'armée, d'après les écrivains militaires les plus compétents.

Pourtant, les progrès réels incontestablement réalisés par le système que nous venons d'exposer n'ont pas suffi pour en motiver l'adoption immédiate. Au moment où il allait être annexé à la loi qui a été votée récemment pour déterminer l'organisation et le fonctionnement des 18 corps d'armée, quelques objections ont surgi, et certaines de ces objections ont paru tellement sérieuses qu'elles ont exigé des modifications et un supplément d'études qui ont entraîné l'ajournement du dépôt de ce projet.

Nous allons relever, en effet, quelques-unes de ces objections, et nous essayerons de démontrer qu'elles sont presque impossibles à combattre victorieusement. Le système si complet et si séduisant au premier aspect que nous venons d'exposer devra donc, à notre avis, être remanié de nouveau, et l'organisation proposée devra subir des modifications profondes pour être mise à l'abri de critiques sérieuses.

Examinons tout d'abord en effet le rôle et le mode d'action en campagne des compagnies composées et organisées ainsi que nous venons de l'exposer. Chaque compagnie ne compte que 5 officiers et 20 sous-officiers ou caporaux combattants pour un effectif de 228 soldats; de ces derniers, 128 sortent immédiatement de la réserve, et parmi les 100 autres il y aura, quelles que soient les précautions que l'on a l'intention de prendre, une notable proportion de jeunes soldats. Pense-t-on que les faibles cadres que nous venons d'indiquer seront suffisants pour maintenir et diriger une aussi grosse réunion de soldats? Oui peut-être si la compagnie doit être toujours agglomérée et si elle combat en rangs serrés, les hommes étant immédiatement sous la main des officiers et des serre-files. Non assurément, croyons-nous, si la compagnie combat dans l'ordre éparpillé.

Quand l'armée prussienne, après ses défaites du commencement de ce siècle, a senti le besoin d'augmenter considérablement ses effectifs et le nombre de ses régiments, elle a dû, pour économiser les cadres, réduire à quatre le nombre des compagnies de ses bataillons, et les événements ultérieurs ont prouvé que cette mesure était bonne. Mais alors on se formait sur trois rangs et le front des compagnies était réduit d'un tiers par rapport à la formation sur deux rangs. En outre, l'on combattait généralement à rangs serrés; le déploiement en tirailleurs n'exigeait qu'une proportion restreinte de soldats, et ceux-ci, tireurs d'élite et de choix formant le troisième rang de la compagnie, pouvaient sans inconvénients être lancés en avant sans être encadrés avec une vigueur exceptionnelle.

Aujourd'hui, au contraire, on semble tomber d'accord que, dans l'avenir, le combat en tirailleurs au lieu d'être l'exception deviendra la règle. L'ordre mince ou éparpillé, que quelques auteurs préconisent même déjà formellement sous le nom d'*ordre sur un rang* sera de plus en plus employé sur les champs de bataille, soit à cause de la facilité de tir qu'il donne, soit à cause des ravages que causent les armes modernes dans les troupes à rangs serrés.

Or est-il prudent de réunir en une seule unité, sous les ordres d'un petit nombre de chefs, un aussi gros chiffre de combattants peu expérimentés ? La forte compagnie de 260 hommes occupera sur deux rangs un front de 75 mètres, et lancée en tirailleurs, un déploiement de 200 à 600 mètres, suivant l'importance de la réserve. Pense-t-on que quatre officiers et quatre sergents non réservistes seront suffisants pour exercer leur commandement efficacement sur une aussi vaste étendue ?

Les observations que nous venons d'essayer de présenter n'ont pas échappé à ceux qui ont observé la transformation qui s'accomplit à l'heure actuelle dans la tactique de l'infanterie. Non-seulement les exemples de la dernière guerre, mais encore les expériences faites sur les champs de manœuvre par l'armée allemande en 1872 et 1873, tendent à prouver que dorénavant l'ordre sur un rang ou par files espacées, avec compagnie en échelons, deviendra l'ordre normal de combat. Il s'est donc fait dans la plupart des esprits une sorte de réaction contre la forte compagnie de 250 hommes qui au lendemain de nos défaites était préconisée avec tant de ferveur. Un certain nombre d'écrivains militaires — et parmi eux nous comptons quelques jeunes officiers généraux justement estimés—n'hésitent pas en conséquence à conseiller l'abandon de cette lourde forme, sans cohésion ni mobilité, et à proposer le retour pur et simple à la compagnie de cent ou cent vingt hommes, souple, maniable et bien dans la main de ses officiers, lesquels connaissent parfaitement tous les soldats qui servent sous leurs ordres.

Dans tous les cas, la question est encore assez douteuse pour imposer une grande réserve dans la solution qui doit être adoptée. Pourquoi ne pas attendre le résultat de nouvelles recherches et d'expériences décisives qui ne sauraient tarder, avant de bouleverser nos bataillons et la hiérarchie de nos grades, afin de n'arriver qu'à imiter presque servilement une disposition adoptée depuis cinquante ans par les Allemands, mais qui déjà semble vicieuse, surannée et nullement en rapport avec les progrès de l'art militaire ?

Mais si nous venons d'essayer d'exposer, sans oser prendre de conclusions formelles, quelques raisons de tactique qui semblent s'opposer à l'adoption de la compagnie mobilisée de 250 hommes, ou qui du moins paraissent devoir suffire pour conseiller l'ajournement de cette adoption, nous allons être beaucoup plus précis dans nos critiques, quand nous allons examiner le fonctionnement de cette compagnie en temps de paix.

D'abord la disposition qui consiste à mettre deux capitaines dans la même compagnie nous paraît éminemment vicieuse. Cette disposition sera évidemment la source d'une foule de conflits et d'embarras; et la preuve, c'est que dans les régiments d'artillerie et du génie, où cependant les attributions réglementaires des deux capitaines sont essentiellement distinctes, on n'arrive pas à éviter les froissements regrettables et les débats fâcheux. Mais en adoptant le bataillon à quatre compagnies on est bien forcé d'admettre deux capitaines dans chacune de celles-ci, autant pour avoir un nombre d'officiers suffisant en temps de guerre que pour arriver à ménager un avancement convenable à ceux-ci.

Ensuite, si l'on examine le projet au point de vue budgétaire, on ne peut s'empêcher de reconnaître que bien qu'il réalise de notables économies sur le système présenté par le gouvernement de M. Thiers (du moins pour l'infanterie), il est encore extrêmement onéreux pour le Trésor, comparativement surtout à l'ensemble des dépenses militaires que le pays s'était accoutumé à supporter pendant vingt ans. Malgré la suppression des adjudants-majors, des capitaines d'habillement de toutes armes, et celle des lieutenants-colonels de cavalerie, malgré la réduction de la moitié de l'effectif subie par la plupart des cadres subalternes, la dépense annuelle exigée par la mise en pratique de ce système est, d'après les prévisions, supposée devoir s'élever à la somme énorme de 529 millions. Nous reconnaissons bien que le pays doit, pour le maintien de sa puissance militaire, savoir se résigner à supporter des sacrifices, « prime d'assurance contre l'invasion et le démembrement. » Mais, ainsi que nous le disions au début de ce travail, ce seront néanmoins les contribuables et leurs représentants qui finiront toujours par avoir le dernier mot en cette affaire. N'est-il pas à craindre que les sacrifices ne leur paraissent susceptibles d'être allégés à un moment donné? La comparaison de nos dépenses militaires avec celles des autres puissances européennes ne donnera-t-elle pas sans cesse un résultat favorable à ces dernières? C'est pour éviter ces critiques que nous essaierons plus loin d'exposer un système mixte, dans lequel nous nous sommes efforcé de profiter des avantages incontestables du projet que nous venons d'étudier, et dans lequel nous avons cherché à éviter ou à corriger les inconvénients majeurs que notre analyse a fait ressortir.

En dernier lieu, enfin, nous allons insister encore, quoique à un degré moindre que pour le projet de M. Thiers, sur les inconvénients qui résultent, dans le système que nous examinons, de la disproportion énorme qui existe pour les manœuvres entre les effectifs de paix et ceux de mobilisation. On espère que les compagnies d'infanterie en temps de paix seront fortes de 100 simples soldats; c'est là une illusion. D'abord l'effectif de l'armée proprement dite s'élèverait d'après ce projet à 441,107 hommes. Or nous avons vu plus haut, et nous répétons encore, que nos ressources annuelles ne nous permettent d'entretenir qu'un total de 455,000 hommes, dont 29,170 gendarmes. Malgré les prévisions et les espérances des membres de la commission, nous n'aurons donc dans l'armée proprement dite que 425,830 hommes, soit 15,277 en moins que dans le projet que nous étudions. Cette diminution portera évidemment tout entière sur les soldats de l'infanterie; car le nombre des cadres et des hommes des autres armes a été supputé très-exactement et ne saurait être modifié. En répartissant cette diminution entre les 1838 compagnies d'infanterie des corps (y compris les chasseurs à pied), on trouverait que celles-ci, au lieu de 100 soldats, n'en compteront chacune que 92. Le bataillon de quatre compagnies sera donc, en moyenne, fort de 368 simples soldats.

Or nous savons ce que deviendront en réalité ces 368 soldats pour la pratique des manœuvres et l'instruction journalière. Le quart d'entre eux environ sera de garde ou de service de place. Un autre quart au moins (admettons 25 hommes par compagnie) sera indisponible, soit pour les corvées, le service des officiers ou la cuisine, soit comme malade à la chambre ou à l'hôpital, soit comme en détention ou en permission. Le commandant du bataillon aura donc au maximum 176 simples soldats dans le rang pour exécuter les manœuvres. Nous le demandons encore avec instance : est-il possible de travailler sérieusement avec de tels effectifs? Quel officier n'a songé, en voyant sur un champ de manœuvres les mouvements faits avec des pelotons de huit ou dix files, à l'embarras réel que pourraient éprouver les guides, les chefs de peloton, et surtout les officiers supérieurs, lorsqu'ils seraient astreints à manœuvrer avec des pelotons de trente, quarante, cinquante files et même plus? Quelles modifications dans les distances des subdivisions, dans la surface embrassée, dans les temps d'exécution, dans les relations avec les bataillons voisins et surtout avec la cavalerie et l'artillerie!

Cet inconvénient majeur a tellement frappé les observateurs militaires qu'il a donné lieu à la proposition d'un système nouveau, basé sur une organisation assurément fort ingénieuse et qui mérite d'être examinée ici sommairement. C'est le système dit *du dédoublement*. Ce projet n'a jamais été, à notre connaissance, élaboré et publié dans tous ses détails. Mais il a cependant donné lieu à la publication de quelques écrits d'une certaine valeur, notamment de la part de M. Detroyat, qui, pendant la dernière guerre, avait repris du service et commandait en chef le camp stratégique de La Rochelle. Voici en quoi il consiste :

La division d'infanterie ne comprend en temps de paix que deux régiments. Chaque régiment, de 3,000 hommes environ, a l'organisation et les cadres en usage depuis un demi-siècle, c'est-à-dire vingt-quatre compagnies, trois bataillons actifs, etc. Au moment de la mobilisation, chaque bataillon de six compagnies se dédouble, et forme deux bataillons de trois compagnies. L'un de ces bataillons a pour commandant le chef de bataillon, l'autre l'adjudant-major. L'ancien régiment devient donc fort de six bataillons qui servent à constituer deux nouveaux régiments commandés l'un par le colonel, l'autre par le lieutenant-colonel. La division d'infanterie sur le pied de guerre se retrouve ainsi formée à quatre régiments, et présente un effectif de 12,000 fantassins.

Comme on le voit, le système est simple. Il est économique, puisqu'il coûterait juste la moitié de celui que nous avons exposé plus haut sous le nom de *système de M. Thiers;* et il évite les inconvénients que nous venons de signaler relativement aux difficultés de l'instruction journalière et des manœuvres, puisque le bataillon de trois compagnies sur le pied de mobilisation serait sensiblement équivalent au bataillon de six compagnies du pied de paix.

Cependant, quelles que soient les qualités que nous venons de signaler, ce système ne nous semble pas susceptible d'être adopté et il nous paraît plus ingénieux que pratique.

D'abord il causerait une perturbation considérable dans l'avancement et dans les effectifs des cadres actuels, puisqu'il faudrait ramener au chiffre de 72 nos 144 régiments d'infanterie employés dans les corps d'armée de France. L'impossibilité de cette énorme réduction résultant de la nécessité de ménager les positions acquises et les espérances légitimes de nos officiers, qu'il ne faut pas décourager, suffirait seule pour motiver notre opinion défavorable au projet.

Mais, en outre, lorsqu'on veut examiner de près ce système, au point de vue du mode d'organisation des unités dédoublées des régiments au moment de la mobilisation, on y découvre bien d'autres vices qui en rendraient le fonctionnement à notre avis presque impossible.

En premier lieu, les bataillons-dépôts seraient absolument insuffisants pour subvenir aux besoins d'un régiment dont le double effectif sur le pied de guerre, avec les hommes de remplacement, formerait un total de 7,000 hommes environ. Puis le nombre même de ces dépôts serait tout à fait disproportionné avec le chiffre des réservistes qu'ils auraient mission d'administrer ou au besoin d'incorporer et de mettre en état de partir; à deux dépôts par division, il n'y aurait en effet par région de corps d'armée que quatre dépôts d'infanterie de ligne : or le nombre des réservistes ou disponibles de cette arme s'élève en moyenne à plus de 30,000 par région. Peut-on charger chaque dépôt d'administrer environ 8,000 réservistes?

En second lieu, les gros bataillons mobilisés de 1000 hommes ne seraient fractionnés qu'en trois compagnies, ou unités. N'est-il pas évident que chacune de ces compagnies comptant 333 hommes en moyenne au complet de mobilisation, ne constituerait qu'un corps lourd et sans mobilité, peu maniable avec ses pelotons ou sections de 160 hommes, quel que soit le nombre des officiers auxiliaires nommés pour venir en aide au lieutenant ou sous-lieutenant chef de peloton? C'est à ces grosses compagnies surtout que seraient applicables à plus forte raison les objections que nous avons développées plus haut contre la formation des compagnies de 250 hommes, au sujet du combat des tirailleurs et de l'adoption de l'ordre mince ou éparpillé. En outre, de quel fardeau et de quelle responsabilité ne chargerait-on pas l'unique capitaine chargé de commander une si forte troupe! N'est-il pas incontestable que beaucoup de nos capitaines seraient insuffisants à cette tâche, et ne serait-il pas imprudent d'édicter que *tous* les capitaines devront la supporter en cas de mise sur le pied de guerre?

Nous n'insisterons donc pas davantage sur la réfutation d'un système qui, comme nous le disions ci-dessus, n'a pas du reste été présenté dans tous ses détails, et qui clôt la série des principaux projets que nous avons cru devoir analyser.

Mais nous ne terminerons pas cependant notre examen d'ensemble des projets d'organisation des cadres de notre armée, sans mentionner une œuvre qui a causé une sensation profonde dans le monde militaire et qui a acquis une légitime réputation à son auteur.

Dans ses *Études de guerre*, M. le colonel Lewal a exposé un système complet jusque dans ses moindres détails, pour l'organisation des cadres des corps de toutes armes de notre nouvelle armée. Ce travail, publié en 1872 et au commencement de 1873, a été le précurseur de celui de la commission de l'Assemblée nationale. Nous ne l'analyserons pas ici, d'abord parce que la plupart des officiers le connaissent, ensuite parce que nous considérons comme une émanation et un perfectionnement de ce système, le projet de la commission législative que nous avons essayé ci-dessus d'étudier au point de vue critique. La plupart des idées de M. le colonel Lewal ont été en effet adoptées par la commission : le corps d'armée à deux divisions de quatre régiments, le bataillon à quatre compagnies, chacune de 250 hommes avec 2 capitaines, le régiment de cavalerie à 5 escadrons, etc. Seulement les nécessités budgétaires sont venues imposer quelques modifications, au point de vue économique. Le colonel Lewal composait son régiment d'infanterie sur le pied de paix de 108 officiers ou aspirants et 1978 hommes de troupe, ce qui correspondait à plus de 300,000 hommes pour l'infanterie entretenue dans nos dix-huit corps d'armée en France. Nous avons vu qu'il avait bien fallu en rabattre, puisque ce chiffre ne doit pas dépasser 231,000 hommes. Par exemple, au lieu de 5 officiers, 4 aspirants et 162 sous-officiers, caporaux et soldats, dans chaque compagnie, la commission a été obligée d'admettre les chiffres que nous avons discutés plus haut et qui ont donné naissance aux objections que nous avons tenté d'émettre. De là un changement complet dans les proportions des divers éléments. De là les critiques que nous avons essayé de formuler. Toutes les objections que nous a imposées l'examen du projet de la commission législative s'appliquent donc à plus forte raison au projet forcément amendé de M. le colonel Lewal, et c'est pourquoi nous ne croyons pas indispensable d'analyser ici cette œuvre, d'ailleurs si remarquable.

Conditions que doivent remplir les cadres de l'armée. Institution du « Groupe » d'infanterie.

L'examen sommaire auquel nous venons de nous livrer au sujet des principaux projets présentés pour la réorganisation de nos cadres, a eu pour résultat de nous permettre de discerner les avantages et les inconvénients de ces projets, et par conséquent de faire ressortir les conditions multiples que doit remplir notre futur système d'organisation, pour satisfaire à des exigences toujours éminemment variées, quelquefois même contradictoires en apparence.

Nous allons maintenant pouvoir résumer ces conditions, et établir les principes qui, d'après les considérations qui précèdent, nous semblent devoir exercer une influence décisive sur la détermination précise du nombre, de la composition et des relations entre eux des divers éléments qui doivent ultérieurement constituer notre armée. Nous résumerons ces conditions et ces principes dans les quatre propositions suivantes :

1° Les cadres de l'armée régulière ne doivent pas être constitués, en temps de paix, par un chiffre trop élevé d'officiers et de sous-officiers qui ne trouvent leur emploi rationnel qu'en temps de guerre; car, d'une part, en affectant à l'entretien de ces cadres la plus grosse partie du budget de l'armée, dont le total annuel et normal ne saurait être dépassé, on ne pourrait plus disposer que de ressources insuffisantes pour l'entretien et l'instruction des soldats destinés à remplir nécessairement ces cadres; et, d'autre part, en exagérant en vue de la guerre le nombre des officiers et sous-officiers entretenus en temps de paix, on réduirait le service de ceux-ci à de véritables sinécures, et leur instruction, aussi bien que leur prestige, souffrirait de l'oisiveté forcée ou des occupations dérisoires auxquelles les réduirait le peu d'importance de leurs fonctions et de leur commandement.

2° Les unités et sous-unités tactiques et administratives doivent être telles, que lorsque la mobilisation viendra renforcer considérablement leurs effectifs, elles conservent néanmoins leur mobilité et leur facilité de commandement, en même temps que leur unité de direction et leur indépendance. C'est pour ce motif que nous critiquons l'adoption de la forte compagnie de 250 hommes, qui, sous le rapport de l'administration et de l'alimentation, se prête mal au fractionnement en détachements, et dans laquelle le commandement unique est trop important pour un seul capitaine[1]. Nous avons essayé de démontrer plus haut que cette forme tactique d'ailleurs était peu favorable au combat en tirailleurs, à cause du trop grand nombre de combattants qu'elle éparpille sous une seule autorité directe, et de la trop vaste étendue du terrain qu'elle embrasse. Nous expliquerons plus loin les raisons qui nous font préférer de beaucoup la compagnie de 120 à 140 hommes.

3° L'organisation adoptée, bien que l'effectif du pied de guerre soit plus que le double de celui du pied de paix, doit permettre cependant d'instruire d'habitude les troupes sur le champ de manœuvres absolument comme si elles se trouvaient en campagne; c'est-à-dire que les intervalles, les formations et surtout le temps d'exécution des mouvements doivent être identiques dans les deux cas. Nous n'arriverons à remplir cette condition, que nous estimons être obligatoire, qu'en proclamant le principe de l'indépendance momentanée des unités tactiques et des unités administratives sur le pied de paix; c'est-à-dire que si pour constituer un bataillon mobilisé il faut trois ou quatre compagnies par exemple, nous en emploierons six ou huit sur le pied de paix pour atteindre au même effectif et à la même formation; et notre organisation ordinaire, ainsi que la répartition de nos unités, devra rendre cette combinaison arithmétique extrêmement simple et praticable.

---

[1] Si l'on en met deux, surgissent alors tous les inconvénients du dualisme et des commandements parallèles à grade égal.

4° La proportion des grades doit être calculée de manière à assurer aux officiers et aux sous-officiers un avancement suffisamment avantageux. Il importe d'élever la condition d'un certain nombre d'officiers, de leur donner une situation honorifique et pécuniaire qui les rehausse aux yeux de leurs concitoyens et qui leur permette de vivre avec leur famille en dehors des atteintes de la gêne. Ce n'est qu'à cette condition que l'on assurera aux cadres de l'armée le fort et brillant recrutement que nous devons poursuivre. Nous réglerons donc la proportion des différents grades, de manière que l'avancement soit suffisant et équitablement réparti sur toute la carrière. Il ne faut pas que l'officier végète dans les grades subalternes et reste constamment en serre-files pendant la période de son existence où il est dans toute la force de la santé et de l'intelligence, pour commencer à ne recevoir réellement un commandement effectif que lorsqu'il atteint la quarantaine. Il faut qu'après un court apprentissage du métier, tout officier commande réellement sa troupe, puisse, au besoin, faire preuve d'initiative, et sache prendre constamment la responsabilité de ses actes. Ce qui a été l'exception jusqu'ici doit devenir dorénavant la règle. Enfin nous exigerons rigoureusement l'existence d'une hiérarchie mathématiquement définie; pas de commandements à grade égal, pas de parallélisme de fonctions, par conséquent pas de double capitaine ou de double commandant dans la même unité.

Comme on le voit, ces conditions variées paraissent toutes extrêmement importantes. Les unes ou les autres ont été sacrifiées dans les principaux systèmes que nous avons examinés. Dans les uns, les régiments sont énergiquement constitués, les compagnies bien maniables, bien commandées, et la hiérarchie des grades est judicieusement combinée. Dans les autres, une grande élasticité a été donnée aux cadres en vue de la mobilisation, et l'on s'est efforcé pour leur entretien de n'atteindre que strictement les ressources budgétaires.

C'est en prenant pour modèle ces divers projets, en nous efforçant d'en extraire les qualités et d'en éviter les défauts, que nous avons essayé d'édifier un système entièrement nouveau, dont ci-après nous allons tenter l'exposition.

Au premier abord, ce système pourra peut-être paraître incomplétement motivé; mais, pour la clarté de l'exposition, nous sommes forcé de commencer par exposer tout en bloc la constitution de l'ensemble. Quand on se sera familiarisé avec les nouveaux termes techniques et les définitions qui se sont imposés à notre travail, quand le fonctionnement de chacune des parties aura été élucidé et trouvé pratique, alors les démonstrations et les conséquences logiques seront plus faciles à saisir. De même, il ne faudrait pas d'avance s'étonner de la nouveauté des dispositions proposées et de la difficulté de la transition entre ces dispositions et notre organisation actuelle. Nous indiquerons ultérieurement que la transformation que nous proposons se ferait au contraire avec une grande facilité, et que cette transformation n'est pas d'un ordre plus élevé que celle qui a été accomplie par l'armée prussienne de 1807 à 1820, c'est-à-dire en pleine période de guerre. D'ailleurs, au moment où l'on augmente dans de telles proportions nos effectifs militaires, et au moment où d'un autre côté le développement et le perfectionnement du tir à grandes distances doivent venir modifier presque entièrement les anciennes règles de la tactique, il n'est pas étonnant que nous soyons amené à proposer des innovations considérables dans l'organisation des éléments de l'armée.

Cela posé, voici, — en commençant par l'infanterie et en laissant de côté pour un moment la réorganisation des autres armes que nous mettrons ensuite en harmonie avec celle-ci, — quelle est la constitution que nous proposons :

Notre organisation serait principalement basée sur la création d'une nouvelle *unité tactique et administrative* formée par la réunion permanente de trois compagnies. A cette nouvelle unité, nous donnerons provisoirement le nom de *groupe*.

Le *groupe* compterait, — état-major et cadres compris, — 500 hommes au complet de mobilisation. Dans ce cas, il opérerait et manœuvrerait d'habitude comme un bataillon isolé. Chacune de ses trois compagnies[1] (nous en verrons plus loin la composition détaillée), forte de 125 simples soldats combattants, serait organisée et commandée de manière à constituer une réunion d'hommes, de *compagnons* de combat, d'une part assez nombreuse pour former un noyau susceptible de présenter une certaine résistance et capable d'occuper un point spécial d'un champ de bataille, une ferme, un verger, le cours d'un petit ruisseau; d'autre part assez restreinte pour que les chefs et les soldats se connaissent, s'apprécient mutuellement, et forment ensemble un tout homogène dans lequel seraient assurées l'unité du commandement, la facilité de l'alimentation et de l'administration, la possibilité des détachements et l'indépendance des mouvements.

Sur le pied de paix, au contraire, le *groupe* ne constituerait plus que le tiers d'un bataillon, ce qu'en manœuvres on a l'habitude d'appeler une division. Dans ce cas, nous allons voir que les cadres

1. Nous croyons inutile d'insister sur les avantages incontestables de la formation *ternaire*, pour la facilité de l'adaptation au terrain, et pour la répartition des hommes en troupes d'attaque, de soutien et de réserve.

restreints de ce groupe seraient suffisants pour assurer l'instruction, la discipline et l'administration, sans être exagérés au point d'obérer le budget et de réduire à des sinécures les fonctions habituelles des officiers et des sous-officiers. Sur ce pied de paix, l'effectif total de chaque compagnie étant réduit à 60 hommes et celui du groupe à 195, l'on voit aussi que la force du bataillon de trois groupes serait sensiblement égale à celle du bataillon mobilisé formé d'un seul groupe sur le pied de guerre. De là résulte la possibilité d'effectuer sur le champ de manœuvres des mouvements analogues à ceux du champ de bataille, quant aux effectifs et aux temps d'exécution.

La composition du *groupe* au complet de mobilisation serait la suivante :

Commandant	1
Capitaines	3
Lieutenant	1
Sous-lieutenant	1
Officiers à brevet (2 par compagnie)	6
Total des officiers	12
Adjudant	1
Sergents-majors	3
Fourriers (dont 3 réservistes)	4
Sergents (dont 6 réservistes)	12
Total des sous-officiers	20
Caporaux (dont 27 réservistes)	45
Soldats (dont 240 réservistes ou disponibles)	375
Force agissante totale	420
Accessoires (8 tambours ou clairons, et 1 caporal, 4 sapeurs, 4 secrétaires, 11 ouvriers et infirmiers, 20 muletiers et ordonnances, dont 23 réservistes)	48
Total général	500

Ce chiffre devrait être sensiblement réduit pour représenter la moyenne habituelle de guerre. Avec une organisation convenable d'envois de renforts, il est permis d'espérer cependant qu'il se maintiendrait entre 425 et 450 hommes.

En défalquant des chiffres ci-dessus ceux relatifs aux officiers brevetés et aux réservistes ou disponibles, il est facile de voir que sur le pied de paix l'effectif du groupe se réduirait à 6 officiers, 11 sous-officiers, 18 caporaux, 135 soldats, 3 tambours, 4 sapeurs,

3 secrétaires et 15 ouvriers ou ordonnances ; en tout 195, c'est-à-dire qu'alors le groupe serait sensiblement équivalent à ce qu'était, avant 1870, la réunion de deux compagnies ou division.

Il serait nécessaire, et il est facile d'édicter une réglementation spéciale pour arrêter le mode de fonctionnement et d'administration du groupe et ses relations avec les compagnies : les capitaines continueront, dans chaque compagnie, à être chargés des détails de l'instruction élémentaire de leurs hommes, ainsi que de leur entretien et de l'alimentation; les écritures et la comptabilité de leur compagnie ne devront être que ce qu'elles sont en campagne, et ne se référer pour ainsi dire qu'aux consommations de chaque jour; l'ordinaire de la troupe, la distribution de la solde, le renouvellement des munitions sont donc essentiellement de leur ressort. Au commandant du groupe, au contraire, incomberaient le soin et la responsabilité de l'instruction d'ensemble, la direction de toutes les opérations administratives d'un ordre général ou supérieur; bref, la direction de toutes les opérations qu'il pourra et devra garder entre ses mains lorsque la mobilisation viendra plus que doubler l'effectif de son groupe et en changer le mode de formation; ainsi, l'on tiendra *seulement pour l'ensemble du groupe*, toutes les écritures relatives aux matricules, aux contrôles, à l'habillement, aux relations avec l'état-major et le dépôt du corps. Une partie des attributions administratives actuelles des commandants de compagnie passerait donc entre les mains du commandant de groupe; et, de la sorte, les formalités et écritures relatives à ces opérations seraient presque réduites des deux tiers, puisque les situations, les états de demandes, de remplacement, de solde, etc., ne seraient plus établis qu'en un seul travail, au lieu de trois différents.

Pour résumer donc la situation du groupe en temps de paix, nous ne pouvons mieux faire que de la comparer à la situation actuelle de la division, tiers de bataillon, ou du moins à ce qu'était cette division avant l'augmentation considérable du nombre de nos régiments d'infanterie. Le chiffre total des officiers, sous-officiers et soldats est à peu près le même, et le groupe prend sa place dans le bataillon comme autrefois la division. Seulement, au lieu de deux unités administratives, il n'y en a plus qu'une, scindée en trois sous-unités. En outre, en vue de la mobilisation, la proportion et les attributions des grades ont été changées, et l'ensemble de cette troupe, au lieu d'être subdivisée en deux compagnies ou quatre sections, se trouve subdivisé en trois compagnies ou six sections.

Mais c'est en vue de la guerre que nous avons été amené à cette organisation du groupe, c'est donc dans son mode de fonctionnement en campagne que nous allons surtout reconnaître des avantages. Exposons d'abord les raisons qui nous font préférer le bataillon de 500 hommes à celui de 1000 hommes.

Le nombre d'hommes que doit comprendre un bataillon est déterminé par la facilité de commandement et d'évolutions de cette réunion de combattants. Il faut que le bataillon déployé n'occupe pas une trop longue ligne pour que les commandements de son chef soient entendus, pour que l'artillerie et la cavalerie puissent sans grands détours passer par les intervalles, pour que le temps des ploiements et des déploiements soit de courte durée.

Quand le bataillon est trop nombreux, quand il atteint 1000 hommes par exemple, il cesse d'être facilement maniable (de là, du reste, l'introduction des colonnes de compagnie forcément amenée dans la pratique des manœuvres). Déployé, il occupe une ligne énorme de 500 mètres ; il faut trois à cinq minutes pour un ploiement même sur le centre. En tirailleurs, il échappe absolument à l'action de son chef. En masse, il offre réellement beaucoup trop de prise à la canonnade, comme point de mire aussi bien que comme effet de destruction. Enfin, si l'on doit constamment fractionner ce bataillon en trois ou quatre unités, et manœuvrer avec de petites colonnes de compagnie de 250 hommes, il n'y a nulle nécessité de subordonner les mouvements de chacune de ces colonnes à un commandement *unique* du chef de bataillon, exécutable simultanément par les autres colonnes de compagnie du même bataillon, lesquelles peuvent se trouver dans une tout autre situation tactique ou topographique.

Un système dans lequel chaque bataillon serait fort seulement de 400 à 500 hommes paraît donc bien préférable. On a ainsi un petit bataillon souple, maniable, rapide dans ses évolutions, fournissant soit une ligne de feu continue de 200 à 220 mètres, soit un déploiement de tirailleurs très-respectable, soit une colonne d'attaque assez solide pour enlever un point donné et assez résistante pour supporter le choc de la cavalerie.

Nous avons déjà indiqué plus haut les avantages qu'il y a en outre à avoir, surtout pour le combat en tirailleurs, de petites compagnies de 120 à 150 hommes environ, au lieu de fortes compagnies de 250. Les hommes sont ainsi mieux dans la main de leurs officiers, les ralliements peuvent se faire avec plus d'ordre, l'éparpillement exagérée des tirailleurs est moins à craindre, l'embarras et la confusion sont moins à redouter dans la transmission des ordres, dans les instructions à donner pour la direction de la marche et du tir ; chaque capitaine est à proximité de son commandant et sous ses ordres directs. Enfin, l'organisation des soutiens et des réserves peut se faire par compagnies entières, et non pas par un système de fractionnement en sections, qui a pour résultat de laisser en seconde ligne le chef de bataillon seul avec les deuxièmes sections de ses quatre compagnies, commandées par des lieutenants.

Sans nous étendre davantage sur ce sujet, du reste, l'on comprend sans peine que 1000 hommes, fractionnés en quatre parties, sont moins maniables et moins fortement commandés que ces 1000 hommes fractionnés d'abord en deux groupes, puis en trois compagnies, soit en tout six parties. Or, lorsque nous comparerons plus loin, au point de vue des cadres, le bataillon de 1000 hommes du système de la commission de l'Assemblée nationale avec deux des *groupes* du système que nous venons d'exposer, lesquels lui sont équivalents comme effectif total, nous arriverons à constater ce résultat, que d'une part le cadre de nos deux groupes est plus fortement constitué et mieux pondéré en temps de guerre, et que d'autre part il est plus économique en temps de paix.

Mais, avant de continuer à développer notre argumentation, poursuivons d'abord notre exposition et complétons la description d'ensemble de l'organisation de l'infanterie.

La réunion des trois groupes constituerait *un régiment* commandé par un colonel. Au complet de mobilisation, le régiment serait donc formé de trois bataillons et aurait un effectif d'environ 1500 hommes. Sur le pied de paix, au contraire, les trois groupes et l'état-major du régiment ne donneraient qu'un effectif total de 600 hommes; dans ce cas, nous avons vu qu'ils ne constitueraient *qu'un seul bataillon de manœuvres*[1]. Ainsi s'accuse, comme nous l'avons dit, l'indépendance des unités tactiques et des unités administratives, puisque, en temps de paix, le colonel n'a plus sous ses ordres qu'un seul bataillon, dont chacune des trois divisions est commandée par un commandant de groupe.

Au-dessus du régiment, nous sommes amené à la création d'une unité nouvelle que nous appelons *légion*. La *légion* est une sorte de brigade, puisque nous allons voir plus loin que le général de division aura sous ses ordres *directs* trois légions; mais c'est aussi une unité, un corps tout spécial pourvu de rouages autonomes et centralisés, puisque nous allons trouver que la légion est destinée à remplacer dans le fonctionnement du temps de paix notre régiment actuel.

La légion serait commandée par un colonel de légion, grade à créer, intermédiaire entre ceux de colonel et de général de brigade.

---

1 De ces 600 hommes présents, nous savons que c'est tout au plus si l'on pourra en amener 400 ou 420 sur le terrain de manœuvres, c'est-à-dire que nous retrouvons ainsi exactement le chiffre de la moyenne de guerre habituelle du groupe.

Elle comprendrait un état-major, un petit état-major (avec musique, section hors rang etc.), et dix groupes.

Les neuf premiers de ces groupes réunis trois par trois formeraient trois régiments. (Nous savons qu'en temps de paix chacun de ces régiments n'équivaudrait qu'à notre bataillon actuel dont il adopterait la formation.) Le dixième groupe, avec la section hors rang, constituerait le dépôt du corps, dépôt dont les fonctions seraient multiples ainsi que nous le verrons, puisqu'elles devraient avoir pour but d'assurer le recrutement, l'instruction et l'administration des réservistes, des disponibles et des hommes de remplacement, aussi bien en temps de paix qu'en temps de guerre.

La légion compterait sur le pied de paix 2,000 hommes, cadres compris, pour ses trois régiments et son dépôt. Au complet de mobilisation, — comprenant dans ses trois régiments neuf groupes ou bataillons, chacun de 500 hommes, — elle compterait en tout avec son état-major 4,600 hommes ; alors l'effectif du dépôt, restant sur le territoire du corps d'armée, est déterminé par celui des réservistes et des hommes de remplacement.

Enfin la division d'infanterie comprendrait trois légions. Le général de division, ayant sous ses ordres directs les trois colonels de légion, serait aidé dans sa tâche par un général de brigade qui aurait le titre de commandant en second de la division. Un colonel qui serait promu général n'exercerait donc plus d'emblée à l'avenir le commandement immédiat de troupes de plusieurs armes différentes, dont quelques-unes ont pu lui rester étrangères pendant sa carrière; durant un certain laps de temps, servant sous les ordres du général de division, il acquerrait la pratique du maniement de toutes les sortes de troupes. Exceptionnellement cependant, le général de brigade pourrait recevoir un commandement direct ; ce serait lorsque la division devrait se fractionner ou fournir un détachement important, par exemple une légion appuyée d'artillerie et de cavalerie. Dans ce cas, le général de brigade prendrait naturellement le commandement de ce détachement, et le nom de *brigade* serait dorénavant affecté à la réunion des troupes des différentes armes momentanément détachées de leurs divisions.

Le corps d'armée à deux divisions comprendrait donc six légions d'infanterie. En y ajoutant un corps de chasseurs à pied de dix compagnies (trois groupes et une compagnie-dépôt), fort de 750 hommes sur le pied de paix et de 1500 sur le pied de guerre, on voit que nous arrivons ainsi, pour l'effectif total des troupes d'infanterie du corps d'armée, aux chiffres de :

12,750 hommes sur le pied de paix ;
et 29,100 hommes au complet de mobilisation

Ces deux chiffres sont ceux que nous devons chercher à atteindre; car le premier nous donne, pour dix-huit corps d'armée, un total de 229,500 hommes qui, en y ajoutant les secrétaires et les commis d'état-major et d'administration, correspond juste à l'effectif d'infanterie que nos ressources budgétaires nous interdisent de dépasser. Le second chiffre, 29,100 hommes, pour le complet de mobilisation de l'infanterie du corps d'armée, doit être réduit à environ 25,000 pour la moyenne habituelle de guerre, et alors il produit, avec l'appoint fourni par les autres armes, un effectif total habituel de 30,000 hommes pour le corps d'armée; ce chiffre est celui qui convient le mieux pour la facilité des évolutions et la marche en colonne de route.

Détails de l'organisation de la légion d'infanterie.

Nous venons de nous efforcer de constituer un système nouveau d'organisation militaire dans lequel les unités tactiques et administratives d'une part sont bien définies, bien hiérarchisées, bien disposées pour l'instruction en temps de paix, d'autre part sont douées d'une élasticité qui leur permet d'incorporer en temps de guerre les réservistes et les disponibles dans des cadres organisés spécialement pour la facilité du combat, de la discipline et de l'alimentation. Nous avons dans ce but proposé l'adoption d'une nouvelle sorte de corps de troupe, la légion, tiers de la division, qui sur le pied de paix correspond à notre régiment actuel légèrement renforcé, et qui sur le pied de guerre fournit trois régiments, chacun à trois bataillons ou groupes de trois compagnies.

Il nous reste à démontrer que ce système est mieux pondéré et moins dispendieux que ceux que nous avons examinés au début de ce travail; nous pourrons nous convaincre en même temps qu'il assurerait aux officiers un avancement normal satisfaisant et de bonnes conditions d'emploi et de commandement; sa mise en pratique immédiate assurerait à la plupart de nos officiers une promotion au grade supérieur.

Mais d'abord entrons dans les détails de la constitution de la légion, et arrêtons avec précision les cadres de cette nouvelle sorte de corps de troupe qui, ainsi que nous l'avons dit, comprendrait un état-major, un dépôt et trois régiments. Voici quelle serait, soit sur le pied de guerre, soit sur le pied de paix, la constitution normale de ces diverses parties :

Etat-major. Il forme un cadre en dehors des régiments, mais marche avec ceux-ci en cas de mobilisation; cadre du pied de paix : un colonel de légion, un capitaine adjudant-major de légion, un tambour-major, quarante musiciens de divers grades, un secrétaire, trois ordonnances, deux muletiers; total : cinquante hommes. Le cadre du pied de guerre comprend en sus du précédent : un médecin en chef, trois infirmiers-majors et un soldat-ordonnance. Le complet de mobilisation de l'état-major de légion est donc de 55 hommes.

Il n'est pas nécessaire d'insister sur l'utilité de chacune des fonctions que nous venons d'énumérer. Le capitaine adjudant-major serait en campagne l'aide obligé et l'officier d'ordonnance nécessaire du colonel de légion, qui exerce un commandement étendu sur trois régiments ou neuf bataillons. En temps de paix, ses fonctions d'aide de camp étant moins indispensables, nous lui attribuerons alors en outre les fonctions importantes de moniteur général du tir.

Nous affectons à la musique, — nous ne croyons pas qu'il y ait lieu d'en exiger la suppression,— la composition et l'effectif usuels. Remarquons cependant que nous réalisons une économie notable, en n'attribuant à chaque division d'infanterie que trois musiques de légions, tandis qu'avec l'organisation actuelle il y a quatre musiques de régiments. Pour toute la France, il n'y aurait ainsi que cent huit corps de musique d'infanterie, nombre suffisant, au lieu de cent quarante-quatre qui paraît être un nombre exagéré, tant sous le rapport de la dépense que sous celui du chiffre des hommes distraits des rangs.

Dépôt. Les fonctions du dépôt seraient doubles; outre les attributions actuelles qu'il remplit vis-à-vis des bataillons actifs des régiments, le dépôt serait en outre chargé de tout ce qui est relatif au recrutement, à la mobilisation et à l'administration des réservistes et des disponibles.

Nous ne pensons pas qu'il y ait avantage à détacher et à séparer complétement des corps de troupe les depôts permanents d'instruction et de réserve, ainsi que le propose la commission de l'Assemblée nationale. Nous croyons, au contraire, qu'il n'y a que bénéfices à consacrer l'union intime de ces deux sortes de corps ; la discipline et la militarisation y gagneront ; on pourra mieux utiliser les aptitudes des officiers, des secrétaires ou des ouvriers en faisant plus facilement entre eux les mutations nécessaires. Pour certains travaux ou certaines opérations, le dépôt et les régiments se prêteront un mutuel appui.

Tout en étant d'avis de conférer aux dépôts les fonctions que la commission de l'Assemblée nationale propose de leur attribuer vis-à-vis des réservistes et du chef du recrutement du corps d'armée, nous pensons donc qu'il faut laisser les dépôts adhérents au corps de troupe *dont ils font partie intégrante*. Le rôle et les attributions du dépôt d'une légion seraient ainsi de deux natures différentes.

Le dépôt d'une légion d'infanterie comprendrait un cadre d'état-major et un groupe de trois compagnies qui prendrait le n° 10.

Comme il y a six légions d'infanterie dans le corps d'armée, nous aurions ainsi dix-huit compagnies ou centres de mobilisation, et de la sorte nous aurions par corps d'armée deux centres de mobilisation de plus que dans le projet de la commission de l'Assemblée nationale, qui n'admet pour une région que huit dépôts à deux compagnies, soit seize compagnies.

Voici sommairement la composition d'ensemble de l'état-major et du groupe de dépôt n° 10, d'une légion sur le pied de paix, comprenant aussi la compagnie hors rang :

Major..	1
Capitaine trésorier.	1
Lieutenant d'habillement	1
Médecin.	1
Officiers du groupe n° 10..	6
Adjudant id.	1
Sous-officiers id.	10
Caporaux id.	18
Secrétaires, employés ou ouvriers gradés.	21
Soldats, tambours, ordonnances, ouvriers, gardes-magasins, etc.	90
Total.	150

En cas de mobilisation on utiliserait au dépôt tous les officiers à brevet et les réservistes gradés qui n'auraient pas trouvé place dans l'organisation des régiments mobilisés. Au besoin on rappellerait au service les officiers retraités qui ne feraient pas partie de l'armée territoriale. On conçoit que nous ne puissions présumer avec exactitude le nombre de ces militaires. Mais nous nous sommes efforcé, dans tous les cas, de constituer le cadre régulier du dépôt avec assez de solidité pour que le service soit organisé tout d'abord, et que l'on puisse pourvoir en toute circonstance à l'instruction, à l'équipement et à la mise en route des hommes de remplacement destinés à aller renforcer les régiments mobilisés.

Régiments. Chacun des trois régiments de la légion a un effectif de 600 hommes[1] sur le pied de paix et de 1,515 au complet de mobilisation. Il comprend un état-major et trois groupes.

---

[1] Savoir : 3 groupes de 195 hommes, soit 585, plus 15 de l'état-major spécial du régiment.

L'état-major d'un régiment se compose de :

Colonel.	1
Lieutenant de détail.	1
Médecin.	1
Secrétaires, tambours, sapeurs et ouvriers gradés.	7
Muletier et ordonnances.	5
Total. . . .	15

Nous savons que sur le pied de paix le régiment de trois groupes affecterait la disposition du bataillon actuel, ainsi que l'indique du reste son effectif. Les chiffres ci-dessus montrent que pour son double rôle, le cadre du régiment est suffisamment puissant, mais qu'il n'est pas exagéré. Le lieutenant de détail, qui en campagne ferait fonctions d'officier payeur et serait une sorte d'aide de camp du colonel, pourrait en temps de paix être chargé du rôle d'adjudant-major dans le bataillon.

Nous avons vu ci-dessus quelle serait la composition des cadres du groupe de 3 compagnies. Dans chaque groupe il n'y a pour 3 capitaines en temps de paix qu'un seul lieutenant et un seul sous-lieutenant. Ces derniers officiers auraient donc un avancement assez rapide, et il est permis d'espérer qu'après quatre ou cinq ans de présence et d'apprentissage dans l'ensemble de ces deux grades, ils seraient promus au grade de capitaine et commenceraient ainsi de bonne heure à exercer un commandement réel. En campagne l'un de ces deux officiers pourrait être l'adjudant-major du petit bataillon, l'autre serait l'officier de détail; au besoin ils suppléeraient un ou deux des capitaines mis hors de combat.

Chaque compagnie de 120 hommes environ sur le pied de guerre ne comprend qu'un seul officier du cadre régulier : c'est le capitaine. Celui-ci n'a sous ses ordres pour l'aider dans son commandement que deux officiers à brevet, c'est-à-dire un lieutenant et un sous-lieutenant auxiliaires. On pourrait craindre qu'il n'y ait là insuffisance réelle, et que ces jeunes officiers, qui n'ont fait au plus que deux ans de présence sous les drapeaux, ne soient incapables d'exercer efficacement leur commandement et de seconder dignement le capitaine. Nous ne pouvons partager cette crainte. Remarquons que chacun de ces officiers, lorsqu'il opérera isolément ou en tirailleurs, n'aura sous ses ordres qu'une poignée de soldats, 25 ou 30 environ, et qu'il sera toujours en communication rapprochée avec son capitaine. Dans ces conditions il suffit que ces officiers aient de la bravoure, de l'entrain, de l'intelligence pour qu'ils soient à la hauteur de la mission qui leur sera confiée; le sang-froid et l'habitude du commandement viendront vite. Or, avec le bon recrutement que nous avons lieu d'espérer maintenant pour ces officiers, avec les éléments dont nous pourrons disposer, grâce aux volontaires d'un an, — l'expérience d'une année est concluante, — est-ce de la témérité d'admettre que nos officiers brevetés feront des lieutenants ou des sous-lieutenants braves, instruits et capables de bien commander leur peloton? Nous avons d'ailleurs en faveur de notre opinion l'exemple de ce qui s'est passé dans la dernière guerre et de ce qu'ont su faire les jeunes officiers de mobiles, sans cadres supérieurs, sans instruction militaire préliminaire, et qui n'avaient sur leurs soldats que l'ascendant d'une éducation plus complète et d'un caractère plus élevé. Quel capitaine de l'armée de Metz n'aurait été heureux et fier d'avoir sous ses ordres, malgré leur inexpérience, un ou deux de ces jeunes gens, pleins de courage et d'entrain? Dans l'avenir, l'instruction militaire et un peu d'habitude du commandement leur seront donnés pendant leur séjour sous les drapeaux. N'ayons donc pas la crainte que ces officiers restent en dessous de leur tâche, et soient incapables d'exercer convenablement le commandement d'un faible peloton. La loi de réorganisation militaire, en consacrant l'existence des officiers à brevet, recevra sur ce point, croyons-nous, l'approbation de la très-grande majorité des officiers. D'ailleurs nous avons pourvu, par l'existence du lieutenant et du sous-lieutenant régulier du groupe, au cas où il serait exceptionnellement nécessaire de renforcer l'autorité du capitaine ou de suppléer celui-ci en cas de perte. En somme, pour l'ensemble du groupe nous avons toujours six officiers réguliers, nombre égal à celui qui est affecté maintenant à la division de deux compagnies de même effectif. En modifiant la répartition et la proportion des grades de ces officiers, nous avons seulement cherché à arriver à une meilleure disposition qui permet, avec le renfort de 6 officiers à brevet, d'encadrer convenablement, sans confusion possible et sans parallélismes d'attributions, l'ensemble des hommes placés sous les ordres de ces officiers.

Nous pouvons ajouter que l'ensemble du cadre des gradés de la compagnie a été constitué d'une manière extrêmement forte. Ainsi, outre les comptables, nous avons 4 sergents et 15 caporaux pour 125 simples soldats au complet de mobilisation. Nous insistons surtout sur le chiffre des caporaux. Nous avons voulu ainsi constituer plus efficacement le commandement et la hiérarchie dans chaque escouade. Peu nous importent sur le pied de guerre les quelques centimes de la solde attribuée au caporal en sus de celle du soldat. Le caporal est et reste un combattant par lui-même; nous ne nous privons donc pas ainsi d'un fusil agissant, mais nous introduisons jusque dans les plus petits détachements une autorité et une direction effectives. On voit que nous sommes donc loin d'être partisan de la suppression du grade de caporal qui a été réclamée dernièrement par quelques militaires, plus portés à imiter les organisations allemandes, croyons-nous, qu'à les raisonner.

Résumons maintenant, par grades, la composition totale de la légion sur le pied de paix, sans nous occuper naturellement des 54 officiers à brevet ni des sous-officiers et caporaux réservistes, qui n'apparaissent sous les drapeaux et n'imposent des dépenses à l'Etat qu'en cas de mobilisation. D'après des tableaux détaillés, que nous avons dû supprimer pour abréger la discussion et éviter l'aridité des chiffres, voici quel est le total des cadres et des hommes de troupe de chaque légion d'infanterie (dépôt compris) :

Colonel de légion..	1
Colonels	3
Major.	1
Commandants.	10
Capitaines..	32
Lieutenants.	12
Sous-lieutenants	12
Médecins.	4
Total des officiers. . . .	75
Adjudants..	10
Sergents-majors	30
Sergents-fourriers	10
Sergents.	70
Total des sous-officiers..	120
Caporaux.	200
Soldats.	1300
Accessoires non gradés (sapeurs, tambours, musiciens, ouvriers, secrétaires, muletiers, ordonnances).	305
Total général.	2000 hommes,

dont 50 pour l'état-major de la légion, 150 pour le dépôt et 1,800 pour les trois régiments.

Pour avoir les effectifs de chaque grade de l'infanterie pour chaque corps d'armée, il faudrait multiplier les chiffres ci-dessus par 6; on en déduirait, en multipliant de nouveau par 18, ceux de toute l'infanterie en France.

En admettant qu'il faille pour l'Algérie et les colonies 12 légions d'infanterie (y compris les troupes indigènes et spéciales) destinées à constituer un 19e et au besoin un 20e corps d'armée[1], on voit que l'ensemble de l'infanterie française comprendrait 20 corps à 6 légions, soit 120 légions de composition identique.

Il faut tenir compte en outre des chasseurs à pied, qui formeraient dans chaque corps d'armée un corps de réserve spécial auquel nous donnerions une organisation analogue à celle de l'infanterie de ligne, mais réduite d'un degré. Nous aurions alors par région un régiment de chasseurs fort de 10 compagnies, dont une de dépôt. Les 9 compagnies actives, réunies en trois groupes, formeraient un bataillon sur le pied de paix, et 3 bataillons sur le pied de guerre. Le régiment et les groupes auraient un cadre et un effectif identiques à ceux de l'infanterie de ligne. Les proportions actuelles entre les deux armes seraient donc sensiblement conservées.

L'ensemble des 120 légions d'infanterie et des 20 régiments de chasseurs à pied donnerait (indépendamment des corps disciplinaires) le nombre d'officiers ci-dessous :

Colonels de légion	120
Colonels de régiments	380
Commandants (ou majors)	1380
Capitaines	4060
Lieutenants	1510
Sous-lieutenants	1510

En comparant ces chiffres avec ceux des cadres actuels ou ceux des divers projets d'organisation, on voit quel énorme avancement recevrait l'ensemble du corps d'officiers. La plupart des colonels, tous les lieutenants-colonels, le tiers des commandants, des capitaines et des lieutenants seraient promus au grade supérieur. Dans l'avenir, quand la marche normale de l'avancement se serait réglée, il est présumable que l'on deviendrait capitaine après cinq ans de grade d'officier et commandant dix ans plus tard. Il est donc inutile d'insister sur les avantages matériels qui résulteraient pour les officiers de l'adoption de telles dispositions, et sur l'influence qu'elles pourraient avoir sur le choix de la carrière d'un certain nombre de jeunes gens de mérite, assurés de trouver dans l'armée des fonctions honorables, intéressantes et bien rétribuées.

---

1 Ces 12 légions, à 4,600 hommes au complet de guerre, formeraient un effectif total de 55,200 hommes. Ce chiffre, qui se réduirait forcément à environ 50,000 par suite d'inévitables déchets, est à peu près. en effet, celui qui convient pour les garnisons de l'Algérie et des colonies. Au budget de 1874, on prévoit 43,017 hommes d'infanterie en Afrique, et 6,733 d'infanterie de marine aux colonies; en tout, 49,750 hommes.

Il ne nous reste donc plus qu'à examiner notre système au point de vue économique. Nous allons rapidement décompter le prix de revient annuel d'une légion ainsi constituée, ou plutôt, pour simplifier, faire ressortir la différence qui existe entre le prix de revient des troupes d'infanterie organisées suivant ce système et celui des troupes organisées suivant le système de la commission de l'Assemblée nationale. Nous savons déjà que ce dernier réalise sur le projet du gouvernement de M. Thiers, développé et prévu dans le budget de 1874, une économie annuelle de 8,933,709 francs rien que pour l'infanterie.

Pour élucider le débat et diminuer les écritures, nous mettrons de côté, comme équivalentes dans les deux systèmes, toutes les dépenses qui se rapportent à des organisations analogues dans les deux cas. Ainsi nous considérons comme négligeables les différences pouvant résulter de la constitution des corps permanents d'Afrique ou des chasseurs à pied dans les deux projets. De même nous ne nous occuperons pas des dépenses spéciales et usuelles qui de toutes les manières doivent être supportées par le budget normal, telles que les hautes paies de chevrons, les gratifications d'entrée en campagne, les suppléments de solde dans Paris, la solde des médecins militaires. Quelle que soit l'organisation adoptée, il est évident que, sur l'ensemble de l'armée, ces dépenses seront toujours sensiblement les mêmes.

Cette restriction faite, et pour partir d'une base commune comme effectifs, nous allons faire porter notre comparaison sur la solde et les dépenses d'entretien d'une division d'infanterie, composée de trois légions complètes dans un système, et de quatre régiments et quatre dépôts régionaux dans l'autre.

Or, en résumant les tableaux qui établissent très-exactement les cadres et les effectifs de l'infanterie dans le projet de la commission de l'Assemblée nationale, — tableaux que nous ne pouvons reproduire ici à cause de leur étendue, mais qui ont été livrés à la publicité, — et en comparant les chiffres qui résultent de ces tableaux avec ceux du système que nous venons d'exposer, il est facile de faire ressortir par grade les différences qui existent entre les deux effectifs.

Nous trouverons ainsi (en nous bornant aux totaux résultant de la balance faite) que pour une division d'infanterie nous comptons dans notre système :

En plus : 3 colonels de légion, 5 colonels de régiment, 13 commandants ou chefs de bataillon, 18 adjudants, 20 sergents-majors, 82 caporaux ;

Et en moins : 1 général de brigade et son aide de camp, 4 lieutenants-colonels, 24 capitaines, 36 lieutenants, 24 sous-lieutenants,

80 sergents, 40 musiciens et 763 simples soldats ou hommes des cadres non gradés.

Il va nous être possible, en multipliant chacun de ces chiffres par la solde correspondante aux grades [1], de calculer exactement la dépense; et nous trouverons ainsi que, pour la solde et l'entretien proprement dit des effectifs tels que nous venons de les définir, nous exigeons *pour les grades et emplois en plus* une somme annuelle de 172,207 fr. 10, tandis que *pour les grades et emplois en moins* nous réalisons une économie de 666,891 fr. 23.

En somme et comme balance, il résulte donc en faveur de notre système une économie annuelle de 494,684 fr. 13 par division. Mais ce chiffre doit s'augmenter en outre de la valeur de certaines dépenses que nous pourrons supprimer, parce que, dans chaque division d'infanterie nous n'avons plus que trois corps de troupe centralisés au lieu de quatre. Ainsi nous pourrons économiser une masse générale d'entretien (12,000 fr.), les frais de représentation et de bureau à un chef de corps et à un major, les hautes paies de fonctions à tout un ensemble d'employés ou d'accessoires supprimés (vaguemestre, instructeurs, etc.). Bien que dans chaque légion le nombre d'hommes soit supérieur d'un quart à celui qui existe dans un régiment actuel, les allocations en vigueur pour ces différentes prestations nous semblent en effet suffisantes. Il est assez difficile cependant d'estimer avec précision le montant de ces suppléments, de même que l'économie résultant de la suppression du logement et des bureaux d'un état-major de brigade.

Mais quelque minime que soit le chiffre que nous devons ajouter de ce chef à la différence de solde de 494,684 fr. 13 indiquée ci-dessus et au chiffre de 12,000 fr. résultant de la suppression d'une masse générale d'entretien, on voit que dans tous les cas on ne saurait en bloc estimer à moins de 520,000 fr. par division d'infanterie l'économie annuelle que notre système permet de réaliser. Ce chiffre élevé pouvait du reste être à peu près prévu d'avance, rien que par

---

[1] Nous proposerons de fixer à 10,000 francs la solde du colonel de légion, grade nouveau à créer. C'est un intermédiaire entre celles de 7,500 et de 13,200 afférentes respectivement aux colonels et aux généraux de brigade. — Pour tous les autres grades, nous prenons la solde brute augmentée de l'indemnité de logement, telles qu'elles sont établies en détail au budget de 1874. — La dépense annuelle d'un simple soldat ou d'un homme des cadres non gradé s'établit ainsi qu'il suit pour l'infanterie : Solde, 150 fr. 83 c.; indemnités et primes journalières diverses, 71 fr. 40 c.; habillement, 45 fr. 90 c.; vivres, 229 fr. 95 c.; chauffage, 5 fr. 36 c.; hôpitaux, 21 fr. 90 c.; lits militaires, 10 fr. 62 c.; armement, 1 fr. 60 c.; total, 537 fr. 11 c., d'où il faut défalquer, pour doubles emplois, le versement de 26 c. par jour, retenu sur la solde pour viande fournie en nature, et 10 pour 100 en moyenne pour les absences diverses; reste net, 429 fr. 53 c.

l'examen du nombre total d'emplois que nous avons pu supprimer, et par cette observation que, grâce à notre nouvelle disposition des unités, nous avons pu nous borner à n'incorporer dans les régiments qu'un nombre d'hommes égal à celui qui est prévu au budget de 1874 et proposé par le projet du gouvernement de M. Thiers; tandis que pour assurer le service normal en temps de paix dans chaque compagnie, il avait fallu que la commission législative, dans son projet, surélevât sensiblement les effectifs.

Pour les 36 divisions de l'armée de France, l'économie annuelle s'élèverait donc à 18,720,000 fr., si l'on adoptait le système que nous venons d'exposer, de préférence à celui de la commission de l'Assemblée nationale. De sorte que, pour l'infanterie, l'économie que nous réalisons sur ce dernier projet est plus que le double de celle que ce projet réalisait lui-même sur le projet du gouvernement de M. Thiers. Nous n'avons pas besoin d'insister sur l'importance de ce chiffre.

Tel est le projet que nous a suggéré l'étude des diverses conditions que doivent remplir les cadres de l'infanterie dans notre nouvelle armée. Ce projet repose, comme on le voit, sur l'adoption du système ternaire et sur l'institution de deux unités nouvelles, le GROUPE et la LÉGION, — le groupe, base de tout le système, étant une unité administrative qui, en temps de paix, ne forme que le tiers de l'unité tactique ou bataillon, mais dont l'effectif de guerre suffit pour constituer un petit bataillon indépendant.

Organisation de la cavalerie.

Quand la méthode dite positive a été introduite dans l'étude des organisations militaires, quand on a cherché à conclure de la logique et du raisonnement quels devaient être le rôle et la composition normale de chacun des éléments des armées, on n'a pas eu de peine à reconnaître que, pour la cavalerie, on s'était depuis fort longtemps complétement écarté, en France, des principes fondamentaux qui doivent rationnellement inspirer la distribution et l'emploi de cette arme.

Malgré les nombreux exemples opposés que l'on peut citer dans l'histoire des guerres, on a dû admettre que, sauf des cas exceptionnels, il n'y a pas de raison valable pour donner à des corps d'armée identiques, un nombre d'escadrons de cavalerie différent. Quand un corps comprend dans sa composition régulière huit ou douze escadrons de dragons, il ne faut pas que le corps voisin, qui est censé devoir agir dans des conditions analogues, comprenne cinq ou dix escadrons de hussards ou de cuirassiers. Au contraire, tous les corps d'armée devant être capables d'être utilisés de la même manière, quel que soit *à priori* le terrain d'opérations et la disposition des forces de l'ennemi, il faut qu'ils aient *tous* une composition identique.

Ce principe a été admis par la commission de réorganisation de l'armée de l'Assemblée nationale, qui a proposé en conséquence une nouvelle répartition normale de la cavalerie : chaque corps d'armée serait constamment pourvu de trois régiments, donnant douze escadrons de guerre; et, en outre, dans l'hypothèse de la réunion et de la mobilisation de quatre armées différentes, il serait créé quatre divisions de cavalerie d'armée, fortes chacune de quatre régiments ou seize escadrons de guerre.

Ce projet, légèrement modifié, a reçu récemment un commencement d'exécution. Chacun des dix-huit corps d'armée territoriaux a été pourvu d'une brigade de cavalerie de deux régiments, et, en outre, on a formé dix-sept brigades de cavalerie d'armée, savoir six de cuirassiers, quatre de dragons et sept de hussards et chasseurs.

La commission de l'Assemblée nationale, en même temps qu'elle modifiait la répartition des régiments, s'est aussi occupée d'examiner à fond la composition de chacun de ces régiments, et elle s'est efforcée de réaliser quelques économies par la suppression de certains grades ou emplois non justifiés.

Mais, sur ce dernier point, il nous paraît que l'analyse commencée a été fort loin d'être complète, et que l'on n'a pas rigoureusement déduit toutes les conséquences logiques qui semblaient s'imposer aux réformateurs, par l'examen raisonné du rôle et de la constitution de la cavalerie. On aurait dû, à notre avis, rechercher s'il n'y avait pas possibilité de simplifier et de réduire considérablement certains rouages, s'il était indispensable, par exemple, d'instituer un dépôt pour chaque régiment de cavalerie de 600 hommes, destiné à ne recevoir qu'une faible proportion de réservistes et ne comptant que cinq sous-unités administratives.

Nous allons donc, comme nous l'avons fait pour l'infanterie, essayer de rechercher quelles sont les conditions que doivent remplir, sous tous les points de vue, les corps de troupe de cavalerie, et nous en déduirons la composition rationnelle des cadres de ces corps. Pour la facilité de notre analyse, et d'après les principes rappelés ci-dessus pour l'affectation des troupes de cavalerie, nous diviserons ces troupes en plusieurs catégories : la première comprendra les corps de cavalerie répartis également dans chaque corps d'armée, et marchant d'habitude avec ceux-ci; la seconde comprendra la cavalerie d'armée marchant en corps isolés, et fournissant soit la réserve de choc (cuirassiers), soit les corps de cavaliers destinés à relier les armées ou à éclairer les avant-gardes à de grandes distances; dans la troisième catégorie, enfin, prendront place les corps spéciaux d'Afrique.

CAVALERIE DE CORPS D'ARMÉE. — La commission de l'Assemblée nationale propose de donner à la brigade de cavalerie de chaque corps d'armée un effectif total de guerre de 2,121 hommes (tout compris). C'est aussi 2,000 cavaliers environ que le colonel Lewal propose d'affecter à chaque corps mobilisé, fort de 30,000 hommes environ. Ce chiffre correspond à la proportion du quinzième de l'effectif total, et sa détermination résulte du calcul exact du nombre de cavaliers nécessaire pour éclairer, à un espacement convenable, l'ensemble du corps d'armée en marche ou bivouaqué. Nous admettrons donc aussi ce chiffre sans débats, comme base de notre organisation.

Mais nous ne saurions admettre de même, sans discussion, la répartition des grades et des effectifs dans chacune des unités tactiques ou administratives actuellement en usage. Pourquoi deux capitaines dans chaque escadron? Pourquoi trois ou quatre officiers supérieurs pour quatre escadrons (la commission législative propose déjà, comme atténuation, la suppression du lieutenant-colonel)? Pourquoi surtout deux, trois ou quatre régiments distincts dans chaque corps d'armée, entraînant chacun leurs rouages coûteux et inutiles, leurs dépôts aussi inoccupés que richement pourvus?

Les considérations que nous avons exposées dans notre étude sur la constitution de l'infanterie ne s'imposent-elles pas de même ici, à l'encontre de la routine et des systèmes empiriques, pour nous indiquer un mode de répartition et d'organisation des unités, permettant les formations simples, facilitant les détachements, assurant l'initiative et la responsabilité du commandement à tous les grades, garantissant un avancement convenable à tous les officiers, et réalisant enfin une économie sensible sur les dépenses de l'ensemble?

C'est donc dans l'adoption du *système ternaire* et de la *légion* que nous allons trouver la solution du problème de l'organisation rationnelle des troupes de cavalerie; car, à l'appui de ce système, nous pourrions reproduire presque tous les arguments qui ont motivé notre décision en sa faveur pour l'infanterie.

A ces arguments, nous pouvons en ajouter deux autres. Le premier est tout spécial à la cavalerie : le service journalier des reconnaissances, service principal de l'arme, étant extrêmement fatigant, exige au moins le renouvellement par tiers des hommes qui l'exécutent, c'est-à-dire qu'il faut qu'un cavalier qui vient de faire un certain nombre d'heures de service de reconnaissance, se repose au moins pendant un nombre d'heures double de celui-là. D'où résulte la division des corps de cavalerie par multiples de trois. —

Le second argument réside dans la nécessité reconnue de pouvoir scinder s'il le faut les troupes de cavalerie, en autant de fractions qu'il y a d'unités d'infanterie, pour le cas de détachements opérant isolément. De là ressort l'obligation d'adopter le système ternaire pour la cavalerie, puisque nous avons été amenés forcément à l'admettre pour l'infanterie. Nous aurons en outre l'avantage d'introduire une uniformité complète dans la constitution régulière des deux armes; la proportion des grades sera la même, et, par conséquent, l'avancement, l'importance des commandements, seront très-sensiblement égaux.

Ainsi, nous répartirons les troupes de cavalerie en pelotons, escadrons, régiments et légions, pouvant chacun se grouper trois par trois, pour former l'unité de l'ordre immédiatement supérieur.

Tout d'abord maintenant, nous allons reconnaître que les troupes de cavalerie d'un corps d'armée peuvent se réunir toutes dans une seule légion, au lieu de constituer ensemble plusieurs corps ou régiments entièrement distincts. De là résultera une économie considérable d'argent et de personnel. Au lieu de deux ou trois majors, autant de trésoriers et d'officiers d'habillement, autant de maîtres tailleurs, bottiers ou vaguemestres, nous n'aurons plus qu'un seul emploi de chaque spécialité pour toute la légion. Il est inutile d'insister, croyons-nous, sur les vices et les dépenses de l'ancienne organisation, dans laquelle on affectait pour l'administration de 500 cavaliers et de 5 escadrons unités administratives, le même personnel que pour 1,800 fantassins et 24 compagnies-unités. Le surcroît de travail, d'écritures ou de comptabilité, nécessité par la présence des chevaux, par leur nourriture, leur ferrage ou leur harnachement, n'était nullement en rapport avec le grand nombre d'emplois et de cadres ainsi occupés ou plutôt inoccupés. Du reste, les régiments d'artillerie, qui ont compté souvent jusqu'à 1500 hommes et autant de chevaux, nous fournissent la preuve que le travail administratif qui les concerne peut convenablement et réglementairement être accompli par le cadre normal d'un dépôt ordinaire.

Si nous considérons, de plus, que le nombre des réservistes de cavalerie de chaque corps d'armée est minime, et que l'administration et la mobilisation de ceux-ci est relativement facile, nous n'aurons pas de peine à conclure que le personnel d'un dépôt tel que nous l'avons défini pour une légion d'infanterie, sera largement suffisant pour l'administration d'une légion de cavalerie, qui sur le pied de paix ne compterait que 1,600 hommes et 1,300 chevaux, et qui ne se renforcerait sur le pied de guerre que de 500 à 600 hommes et autant de chevaux.

Dans notre système, ***la légion de cavalerie sera donc de dix escadrons et comprendra trois régiments et un escadron-dépôt.*** Chaque régiment sera à trois forts escadrons de 150 hommes sur le pied de paix, et de 200 au complet de mobilisation.

L'ensemble de la cavalerie du corps d'armée sera commandé par un général de brigade qui aura sous ses ordres d'abord les neuf escadrons de guerre de la légion et son dépôt, ensuite les établissements et les cavaliers de remonte.

Nous sommes d'avis de donner à chacun des trois régiments de la légion un rôle et une dénomination différents, suivant l'armement des cavaliers, et suivant la force et la taille des chevaux. Il y aurait donc par légion, c'est-à-dire par corps d'armée :

Un régiment de guides,
Un régiment de lanciers,
Un régiment de dragons.

Nous admettons sans discussion, avec un très-grand nombre d'officiers de cavalerie, la nécessité du rétablissement des lanciers[1]. Si l'avis contraire prévalait, nos lanciers resteraient transformés en dragons.

On voit aussi que nous ne sommes pas partisan de l'unification entière de la cavalerie, à laquelle nous paraissent s'opposer absolument les différences de race, de taille et de nourriture des chevaux. Pour chaque légion, on réunirait donc les chevaux les plus légers dans le régiment des guides, ceux de taille moyenne dans celui des lanciers, et les plus forts dans celui des dragons. Ces derniers pouvant naturellement être chargés d'un poids plus lourd, on en profitera pour munir leurs cavaliers d'armes défensives, telles qu'un casque métallique. Mais, néanmoins, nous exigerons que les trois sortes de régiments soient propres à tous les services de cavalerie.

En temps normal, voici quelles seraient les affectations et la place de bataille de ces trois régiments :

Les trois escadrons du régiment des guides de la légion seraient affectés aux services divisionnaires. Deux des escadrons seraient détachés chacun dans une des deux divisions d'infanterie, *dont ils feraient constamment partie intégrante.* Ces escadrons fourniraient les pelotons d'escorte, les estafettes, les gardes de parc et de convoi; on leur attribuerait le service des reconnaissances et des vedettes à de petites distances. Le troisième escadron du régiment serait affecté au quartier général du corps d'armée, et à l'escorte du grand parc à munitions ou du convoi à l'arrière-garde.

Les régiments de lanciers et de dragons formant ensemble six escadrons, soit 1000 chevaux environ, opéreraient au contraire gé-

---

[1] Voir les travaux publiés à ce sujet dans le *Bulletin de la Réunion des officiers* et dans le *Journal des Sciences militaires* de 1872, notamment le mémoire de M. le général Brahaut.

néralement *réunis sous les ordres du général de cavalerie du corps d'armée.* Ces escadrons marcheraient d'habitude à une forte demi-étape en avant du gros des troupes, dont ils éclaireraient la marche, en détachant continuellement le tiers de leur effectif en avant des colonnes, ou sur leurs flancs. Quand le contact de l'ennemi se ferait sentir avec une certaine intensité, ces escadrons replieraient leurs éclaireurs, se laisseraient rejoindre par les troupes d'infanterie de leur corps d'armée, se reformeraient en réserve en arrière de celle-ci et se tiendraient prêts à agir, soit en masse pour le choc, soit pour la poursuite si l'occasion s'en présentait. En un mot, sauf le cas de détachements, ces six escadrons formeraient ensemble la cavalerie proprement dite du corps d'armée, dont les guides constitueraient au contraire la cavalerie divisionnaire.

D'après ce qui précède, la cavalerie des 18 corps d'armée de la France comprendrait donc 18 légions de cavalerie de ligne, soit 54 régiments et 18 escadrons-dépôts. Il y aurait en outre 18 compagnies et dépôts de remonte.

CAVALERIE D'ARMÉES. — 1° *Cavalerie de réserve.* Ce n'est pas ici le lieu de discuter sur la nécessité et l'utilité de la cavalerie de réserve (cuirassiers) agissant uniquement par le choc. Comme la question est encore vivement débattue, et qu'elle est loin de recevoir une solution uniforme de la part des militaires qui l'ont étudiée, nous admettrons que provisoirement, ne fût-ce que par respect des traditions, cette cavalerie doit être conservée. Dans l'hypothèse qu'il est nécessaire de pourvoir de cavalerie de réserve chacune des quatre armées que nous aurons à mettre en ligne, nous affecterions à chacune de ces armées une légion de cavalerie de réserve forte de trois régiments. Ultérieurement, s'il y a lieu, ces légions subiraient une transformation, et, déposant la cuirasse, deviendraient des légions de cavalerie de ligne. Dans l'état actuel des choses, notre armée comprendrait donc 4 légions, soit 12 régiments de cuirassiers, fournissant ensemble 40 escadrons (dont 4 de dépôt).

2° *Cavalerie d'avant-garde ou détachée.* Bien que l'utilité de celle-ci ait été contestée par un éminent écrivain qui ne conçoit absolument pas d'autre cavalerie que celle du corps d'armée, nous admettons, pour notre part, l'indispensabilité de la cavalerie d'armées détachée. Les Allemands en ont fait un si judicieux usage dans la dernière guerre, leurs divisions de cavalerie d'armée lançant des nuées de cavaliers à plusieurs étapes en avant du gros des corps d'armée leur ont rendu de tels services pour battre le pays et dissimuler leurs mouvements, que nous ne saurions nous résigner à faire, par la suppression de ces troupes, une économie mal entendue. Nous admettrons donc que chacune des quatre armées que nous pouvons avoir à mettre en ligne sera pourvue d'une légion forte de 3 régiments; nous aurons ainsi en tout 12 régiments de cavalerie, destinés soit aux opérations ou aux coups de main à grande distance, soit au service des reconnaissances à une ou deux étapes en avant du gros de l'armée,soit au remplissage et aux communications entre deux armées. Nous eussions désiré monter toute cette cavalerie avec des chevaux arabes, dont les qualités conviennent si bien au pénible service qu'elle aura à faire. Malheureusement les ressources de la remonte dans notre colonie sont insuffisantes pour assurer, outre les services algériens, la remonte de 12 régiments français. Nous nous bornerons donc à monter en chevaux arabes deux de ces quatre légions; ainsi cette sorte de cavalerie comprendra deux légions de cavalerie de ligne, et deux légions de cavalerie arabe, à laquelle nous trouvons rationnel de laisser le nom qui lui convient, celui de chasseurs d'Afrique. Ces quatre légions permuteront du reste, à intervalles périodiques, avec leurs similaires des corps d'armée ou de l'Algérie.

L'ensemble de la cavalerie d'armées comprendrait donc, avec les cuirassiers, 8 légions complètes, soit 80 escadrons. La commission de l'Assemblée nationale propose aussi pour cet office 80 escadrons en 16 régiments de 5 escadrons. Mais nous n'avons, dans notre système, que 8 escadrons-dépôts au lieu de 16.

Cavalerie spéciale d'Afrique. — Par province, une légion, soit 10 escadrons (dont un de dépôt). Ces escadrons seraient constamment entretenus sur le pied de guerre. Pour toute l'Algérie, il y aurait donc 3 légions ou 9 régiments, ou 30 escadrons de chasseurs d'Afrique. Cette quantité de cavalerie est suffisante pour pourvoir aux expéditions et colonnes, et pour assurer la sécurité de la colonie. En cas de guerre européenne, une des trois légions formerait la cavalerie du 19e corps d'armée fourni par l'Algérie; une seconde fournirait au besoin la cavalerie du 20e corps, ou viendrait former une 9e légion de cavalerie d'armée; la troisième légion resterait dans la colonie. Outre ces trois légions, il convient de mentionner aussi pour la cavalerie d'Afrique les 3 régiments de spahis, qui seraient ramenés chacun à 3 escadrons (bien suffisants), et qui seraient considérés, pour ordre, comme constituant ensemble une légion unique.

Récapitulation. — L'arme de la cavalerie comprendrait donc en somme (outre l'École de Saumur et les cavaliers de remonte) :

Quatre légions de cuirassiers;

Vingt légions de cavalerie de ligne;

Cinq légions (dont deux en France) de chasseurs d'Afrique;

Une légion de spahis.

Ensemble trente légions, soit 90 régiments ou 300 escadrons.

Composition des légions de cavalerie.

Pour les motifs que nous avons déjà exposés ci-dessus, nous prolongerons jusque dans les unités inférieures le fractionnement ternaire que nous avons déjà adopté pour la légion et les régiments. Ainsi, nous diviserons l'escadron en 3 pelotons ou sections, et nous organiserons chacune de ces sections de manière qu'elle puisse, en cas de détachement, vivre de sa vie propre et indépendante.

L'escadron des guides affecté à chaque division pourra de la sorte être subdivisé en 3 unités ou pelotons correspondant chacun à une légion d'infanterie, et marchant au besoin isolément avec celle-ci. — De même si les deux divisions du corps d'armée opèrent séparément, chacune de ces divisions pourra exceptionnellement être renforcée d'un des deux régiments (dragons ou lanciers) de la cavalerie du corps; alors chacun des escadrons de ces derniers régiments peut correspondre à une légion, et chacun des pelotons à un régiment d'infanterie. — Enfin, les pelotons eux-mêmes seront divisés en un nombre d'escouades qui sera un multiple de trois, pour la facilité du service des reconnaissances et du relèvement des gardes ou des vedettes.

Pour la composition de l'escadron, considéré d'abord sur le pied de paix, nous sommes ainsi amené aux chiffres suivants :

Chef d'escadron	1
Capitaines	3
Lieutenant et sous-lieutenant	2
Adjudant	1
Maréchaux des logis chefs	3
Maréchaux des logis	6
Fourriers	2
Brigadiers	12
Cavaliers combattants	100
Accessoires (3 trompettes, 3 maréchaux, 14 ordonnances, ouvriers ou cavaliers non montés)	20
Total général (dont 6 officiers).	150

Sur le pied de guerre l'escadron serait renforcé de 50 hommes en plus, savoir : 1 sous-lieutenant, 3 officiers à brevet, 3 maréchaux des logis, 1 comptable, 6 brigadiers, 20 cavaliers combattants, 16 accessoires (cavaliers à pied, ordonnances, muletiers, etc.).

Chaque peloton comprendrait alors au complet de mobilisation : 1 capitaine, 1 lieutenant, 1 officier à brevet, 1 maréchal des logis chef et 1 fourrier, 3 maréchaux des logis, 6 brigadiers et 40 cavaliers combattants. Ce dernier chiffre doit être abaissé à 30 environ pour la moyenne habituelle de guerre, de sorte que le peloton sera généralement de 16 à 20 files et l'escadron de 50 à 60 files. On voit que les cadres du peloton sont suffisamment puissants, et que celui-ci peut fournir au besoin *six petites escouades composées chacune d'un brigadier et de 4 ou 5 cavaliers au moins.*

Ainsi, nous nous sommes efforcés de constituer des escadrons aptes surtout au service des reconnaissances, que nous estimons devoir être dans l'avenir le principal des services dévolus à la cavalerie. Nous avons cherché, dans la détermination des cadres, à éviter les inconvénients qui pourraient momentanément résulter de l'éparpillement forcé et obligatoire des cavaliers[1]. Chaque peloton formera ordinaire à part. Nous avons donc constitué dans chaque escadron trois sous-unités, auxquelles nous pouvons appliquer la simplification administrative et la sorte de décentralisation que nous avons proposées pour le groupe d'infanterie et ses trois compagnies. Cette disposition, résultant de l'adoption du système ternaire, nous a permis de conserver pour l'escadron les effectifs actuels des cadres du pied de paix (en modifiant les proportions des grades), et cependant de donner à ces cadres une élasticité qui a permis de porter à 200 hommes, comme complet de mobilisation, et à 160 hommes, comme moyenne habituelle de guerre, l'effectif de l'escadron.

De la sorte, 270 escadrons de guerre (30 légions à 9 escadrons) nous sont suffisants pour contenir le nombre total de cavaliers nécessaire à l'ensemble de l'armée; tandis que dans le projet de la commission de l'Assemblée nationale, pour contenir exactement le même nombre de cavaliers combattants, il fallait 304 escadrons de guerre (76 régiments à 4 escadrons). En outre, nous n'avons que 30 escadrons-dépôts au lieu de 76.

---

[1] Il est évident que forcément, en temps de guerre, certains officiers resteront momentanément sans affectation directe. Dans l'escadron des guides d'une division par exemple, supposons que le premier peloton soit détaché avec l'artillerie pour éclairer la marche de celle-ci et la protéger au besoin, que le second peloton soit employé à escorter le convoi et à opérer des réquisitions dans les villages, que le troisième peloton enfin soit éparpillé par nécessité en cinq ou six petites escouades d'éclaireurs et d'escorte; il est évident que le chef d'escadron et les trois officiers de ce troisième peloton se trouveront disponibles. La place de ces officiers sera alors à l'état-major de la division, où on les emploiera comme officiers d'ordonnance auxiliaires, ou pour les reconnaissances spéciales et LES MISSIONS PÉRILLEUSES INDIVIDUELLES. Ce rôle si utile et si brillant à remplir a été trop bien compris par certains officiers de la cavalerie allemande pendant la dernière guerre. Que l'on se rappelle la première affaire de Niederbronn (juillet 1870) ! Cette inévitable disponibilité provisoire n'est donc qu'un avantage au lieu d'être un inconvénient. Au surplus, ces officiers reprendront de temps en temps le commandement direct de leur troupe, lorsque celle-ci se reformera à époques presque périodiques.

Il n'est donc pas nécessaire d'insister sur les avantages économiques que présente un tel système, qui nous permet de supprimer les cadres et les accessoires de 34 escadrons mobilisables, et ceux de 46 dépôts, pelotons hors rang, etc.

Il est vrai que cette économie est presque compensée par le surcroît de solde nécessité par les changements de proportions de certains grades. Ainsi, pour chaque escadron, nous aurions dorénavant un chef d'escadron, un adjudant, etc.

Mais nous pouvons, d'autre part, citer à l'actif de notre projet l'avancement général qu'il donnerait aux officiers dans l'arme. Si nous ne craignions d'allonger en effet cette étude, et si nous reproduisions avec détails les chiffres des tableaux que nous avons établis pour la composition complète des légions de cavalerie, pour l'Ecole de l'arme et les dépôts ou cavaliers de remonte, nous trouverions que l'ensemble de l'arme de la cavalerie comprendrait : 30 colonels de légion, 95 colonels de régiment, 360 chefs d'escadrons ou majors, 1000 capitaines, etc.

Pour établir ces tableaux de composition, nous avons examiné avec soin le rôle et les fonctions de chacun des officiers ou gradés nécessaires pour l'instruction et l'administration des régiments et des légions. Pour l'état-major et le peloton hors rang de la légion, la plupart des chiffres auxquels nous nous sommes arrêté sont ceux des projets de M. le colonel Lewal et de la commission de l'Assemblée nationale. Seulement, nous avons pu quelquefois n'affecter à certains emplois, *pour l'ensemble de la légion de trois régiments,* qu'un chiffre égal à celui qui, dans les projets précités, est affecté *séparément à chacun des régiments* (exemple : le major, la musique, le vaguemestre, les maîtres ouvriers, etc.); et cela nous a permis de réduire au tiers un certain nombre des accessoires ou non-combattants.

De la sorte, l'état-major de la légion, considéré en bloc avec son escadron-dépôt et son peloton hors rang, ne comprend en définitive, sur le pied de paix, que les grades et emplois ci-après, que nous résumons sommairement :

1 colonel de légion, 3 colonels, 1 major, 1 chef d'escadron, 5 capitaines, 2 lieutenants, 1 sous-lieutenant, 3 médecins, 4 vétérinaires, 1 adjudant, 12 maréchaux des logis, 16 brigadiers, 200 musiciens, onvriers, ordonnances, cavaliers ou accessoires divers. Ensemble 250 hommes. Les neuf autres escadrons du régiment étant chacun de 150 hommes, on voit que l'effectif général de la légion, sur le pied de paix, est de 1600 hommes, dont 75 officiers.

Dépense annuelle. — Le prix de revient annuel d'une telle légion se décompte facilement à l'aide des tarifs connus. Prenons, par exemple, ceux du budget de 1874, et voyons d'abord quelle est la dépense annuelle d'un cavalier.

La solde brute varie suivant l'arme (ce qui nous paraît un tort). Le cuirassier touche 179 fr. 76 c. par an, tandis que le dragon ou chasseur ne reçoit que 161 fr. 51 c.

Le prix de revient de l'habillement varie aussi, naturellement, suivant l'uniforme. Pour le calculer on commence par diviser le prix d'achat de chaque effet réglementaire, par le nombre d'années que cet effet doit durer. On obtient ainsi, par an, le prix auquel revient à l'Etat l'usure ou l'emploi de chaque effet. En additionnant ensuite, pour tous les effets dont un homme doit être pourvu, les prix annuels ainsi obtenus, on a très-exactement le prix de revient de l'ensemble de l'uniforme.

Exemple : Un casque de cuirassier vaut 22 francs et il doit durer 12 ans; chaque cuirassier coûte donc par an, pour son casque, la douzième pa tie de 22 francs, soit 1 fr. 83 c. De même il coûte 15 fr. 37 c. pour son pantalon de cheval, 5 fr. 49 c. pour son manteau, etc. En somme, son habillement complet revient par an à 68 fr. 15 c.

Pareillement, on trouverait que, pour son habillement, un dragon coûte 65 fr. 27 c., un hussard 66 fr. 18 c., un cavalier de remonte 68 fr. 81 c., un chasseur d'Afrique 56 fr. 79 c.

Aux dépenses de solde et d'habillement il faut ajouter celles d'entretien et de nourriture, qui sont sensiblement les mêmes pour toutes les armes, et qui comprennent par an : 51 fr. 10 c. pour prime journalière, 33 fr. 90 c. pour supplément à l'ordinaire et indemnité de vin ou eau-de-vie, 1 fr. 00 c. de supplément de route, 68 fr. 98 c. pour le pain, 128 fr. 12 c. pour la viande, 32 fr. 85 c. pour le sucre et café, 5 fr. 31 c. pour le chauffage, etc.

En résumé, en additionnant toutes ces dépenses individuelles, et en en faisant la moyenne, on trouve qu'un cuirassier coûte 491 fr. 37 c. par an, et un cavalier des autres armes 472 fr. 16 c. Il est facile de conclure de ces chiffres et des effectifs déterminés, le prix de revient total de tous les cavaliers de l'armée.

Dans les tableaux annexés au projet de budget pour 1874 on trouve de même le calcul exact des dépenses *relatives aux cadres* d'un régiment de cavalerie de chaque arme. Pour un régiment de cuirassiers à 5 escadrons, par exemple, fort de 45 officiers et 187 gradés ou hommes des cadres, on établit que les dépenses de solde des cadres s'élèvent annuellement à 190,400 francs; celles des accessoires, hautes payes, indemnités, masse générale d'entretien, à 17,555 francs; celles de l'habillement et de la nourriture des gradés, à 63,648 francs. Total, 271,603 fr., sans compter les fourrages.

Comme il y a 530 simples cuirassiers au régiment, et comme la dépense annuelle de chacun d'eux est de 491 fr. 37 c., l'entretien de l'ensemble des soldats du régiment coûte de son côté 261,326 fr.

Donc on voit que *l'entretien des cadres d'un régiment de cavalerie, dans le système actuel, coûte un peu plus cher que celui des simples cavaliers de ce régiment.*

Il suffirait maintenant de recommencer les calculs que nous venons de faire, en les appliquant aux cadres que nous avons définis dans notre système, pour vérifier que dans chaque légion de 3 régiments, au contraire, la dépense annuelle des cadres n'est qu'environ les deux tiers de la dépense des simples cavaliers. Par exemple, rien que sur la solde et les indemnités en deniers (négligeons la dépense des prestations en nature qui est à peu près identique dans les divers systèmes) la dépense totale annuelle étant de 1,073,500 fr. dans chaque légion [1], la partie afférente aux cadres n'est que de 435,000 francs environ.

Tout en conservant, pour l'ensemble de l'armée, le même nombre de cavaliers combattants, nous retrouvons donc ici l'économie que nous faisait présager ci-dessus la suppression de 34 cadres d'escadrons de guerre et celle de 46 dépôts. Pour l'ensemble de la cavalerie, cette économie totale s'élève pour notre système à 4,206,871 fr. relativement au projet de budget de 1874, et à 3,027,365 fr. relativement au projet de réorganisation de la commission de l'Assemblée nationale. Or nous avons vu que, malgré ces diminutions, *nos légions et nos régiments sont mieux commandés et mieux pourvus de cadres en temps de guerre*. La conclusion en faveur de notre système et de nos légions ternaires s'impose donc forcément pour toutes ces raisons, à la suite de l'analyse que nous venons de faire.

Artillerie de campagne.
Composition et répartition des batteries et régiments.

L'organisation actuelle de l'artillerie, c'est-à-dire la constitution et la répartition des unités de manœuvres, des réserves, des personnels employés, est encore à peu près celle qui a été créée il y a plus d'un demi-siècle, alors qu'il semblait suffisant d'affecter à chaque division de dix mille hommes, douze pièces environ, tirant généralement des boulets pleins à 400 ou 500 mètres de distance.

Il est évident cependant, *à priori*, que des modifications importantes, dans cette organisation et dans les manœuvres, doivent na-

[1] Nous supposons, comme pour l'infanterie, que la solde du colonel de légion, grade à créer, est de 10,000 fr. par an. Pour toutes les autres soldes, nous avons pris les tarifs du budget de 1874.

turellement résulter de l'augmentation nécessaire du nombre des bouches à feu affecté à chaque corps d'armée, de l'accroissement de portée des pièces, qui dorénavant peuvent ouvrir efficacement leur feu à 3 ou 4 kilomètres de distance, et aussi de la consommation toujours plus considérable des munitions de tout genre, qui nécessitent des moyens de transport de plus en plus étendus.

Après avoir reconnu, par exemple, que pour un corps d'armée de 30,000 hommes, il faudra désormais plus de 100 bouches à feu de campagne, il y a lieu de se demander si l'organisation ancienne par batteries distinctes de 6 pièces est encore suffisante, et s'il n'y a pas un vice radical dans l'organisation des 16 ou 18 batteries de chaque corps d'armée.

L'examen de cette question nous amène donc, comme pour l'infanterie et la cavalerie, à l'analyse complète du rôle et du mode d'emploi des troupes et des unités d'artillerie dans nos armées modernes, et à la discussion des propositions et des projets qui ont été présentés pour mettre le fonctionnement de l'arme de l'artillerie en harmonie avec celui des autres armes. Nous allons, en conséquence, exposer sommairement les avantages et les inconvénients des diverses dispositions proposées, soit au point de vue tactique, soit au point de vue économique, et nous déduirons de notre examen les conclusions qui nous semblent forcément résulter de cette étude, pour la composition des cadres et pour les effectifs divers des unités de manœuvre et des unités administratives.

D'abord nous n'aurons pas de difficulté à faire ressortir les défauts capitaux de l'ancienne organisation.

Sur le champ de bataille, la batterie, comme l'on sait, se fractionne en deux parties : l'une, formée des pièces et d'un nombre égal de caissons, prend position pour le combat; l'autre, commandée par le capitaine en second et formée par les réserves de munitions et les impédimenta, se tient assez éloignée du terrain de l'action. Pour chaque corps d'armée engagé, il y a donc 16 ou 18 petits groupes de réserves *complétement indépendants les uns des autres*, disséminés malgré les précautions prises, immobilisant un grand nombre d'officiers et de cadres, et causant dans les mouvements et les ravitaillements une confusion et un embarras inévitables. N'est-il pas évident que des modifications doivent être apportées à un tel état de choses ?

D'autre part, les six pièces de la batterie de combat occupent, en largeur, un front assez considérable. Ne serait-il pas préférable de n'affecter à la batterie qu'un nombre moindre de pièces, de manière à donner à la nouvelle unité ainsi constituée plus d'indépendance et plus de mobilité, de manière à faciliter les détachements au point de vue administratif et alimentaire, de manière surtout à permettre l'adaptation plus complète à un terrain accidenté et le défilement des pièces sans la dispersion des unités ?

En dernier lieu, enfin, les batteries sont temporairement réunies deux à deux, sous le commandement assez mal défini d'un chef d'escadron, dont l'importance et le rôle sont forcément un peu secondaires et effacés, soit au régiment, soit en campagne. Les capitaines, chefs réels et administrateurs responsables des hommes et du matériel, ont, au contraire, des attributions extrêmement étendues. Leurs occupations administratives, qui embrassent environ 150 hommes, autant de chevaux et un important matériel, sont beaucoup trop considérables et arrivent à absorber et à primer en quelque sorte leur commandement. N'y aurait-il pas avantage à opérer une vaste simplification des rouages, et à décharger des détails administratifs autant que possible les chefs de batterie, dont la principale préoccupation doit être en temps de paix de bien instruire et de bien commander les hommes, et en temps de guerre de bien conduire les pièces et de bien diriger leur feu?

Ces considérations nous amènent, comme nous l'avons fait pour l'infanterie et la cavalerie, à essayer de proposer une disposition nouvelle, qui permette d'éviter les inconvénients que nous venons de signaler. *L'augmentation considérable apportée au chiffre des pièces dans les armées, va forcément nous conduire à l'accroissement donné à l'importance de chaque unité.*

Nous proposons en conséquence d'instituer comme nouvelle unité tactique et administrative le groupe de douze pièces, auquel nous donnons, à cause du grade de son chef, le nom d'*escadron d'artillerie.*

L'escadron comprendrait trois batteries de quatre pièces. Sur le champ de bataille, chacune de ces petites batteries s'adapterait facilement au terrain et rechercherait les postes les plus avantageux, les abris les plus favorables au tir et au défilement. Les douze pièces de l'escadron ne s'astreindraient pas à un alignement plus ou moins parfait, ensemble ou six par six, et à une cohésion constante. Maintenant que l'on tire à plusieurs kilomètres de distance, peu importe une centaine de mètres d'écartement latéral ou en arrière, pour la recherche des positions avantageuses. Cette dissémination apparente, qui n'exclut pas la fermeté et l'unité du commandement, est donc éminemment favorable. Les douze voitures constituant les réserves et les impédimenta de l'escadron formeraient d'autre part, sous le commandement de l'adjudant, un groupe *unique* qui, pendant le combat, viendrait se joindre au parc divisionnaire ou au parc de corps d'armée, et resterait temporairement sous les ordres des officiers de ces parcs. Ainsi, nous constituerions de petites unités souples, maniables, où le commandement et l'instruction seraient assurés et facilités à tous les degrés.

L'escadron formerait une unité administrative fortement constituée. Celle-ci se subdiviserait en trois sous-unités ou batteries. Chaque capitaine n'aurait, au point de vue administratif, qu'à se préoccuper de l'alimentation de ses hommes et des chevaux, ainsi que des consommations *journalières*, celle des munitions par exemple. Son travail et ses comptes d'administration seraient donc extrêmement simplifiés. Au chef d'escadron et à ses agents, au contraire, incomberait le soin et la responsabilité de l'administration générale, la tenue des contrôles et matricules, les relations avec le régiment et le trésor, l'entretien et le renouvellement périodique de l'habillement et du harnachement, etc.

De la sorte, la comptabilité des capitaines pourrait presque se réduire à la tenue de deux seuls registres : le carnet d'ordinaire, qui serait aussi pourvu d'imprimés à souche pour les bons de distributions de vivres, et le registre d'ordres ou *journal*, qui mentionnerait sommairement aussi les punitions légères, certaines particularités de l'administration, les consommations de munitions, etc. — La comptabilité complète de l'escadron serait centralisée, au contraire, pour les trois batteries, par les soins des fourriers sous les ordres de l'adjudant et du chef d'escadron; elle comporterait à peu près la tenue des registres employés actuellement pour l'administration d'une batterie ou d'un escadron, *moins ceux qui seraient tenus par les capitaines*. Cette tâche, ainsi réduite, ne serait pas assurément plus lourde pour les 36 voitures et leurs servants ou conducteurs, que celle qui incombait encore récemment à ceux qui étaient chargés de l'administration complète d'une batterie de 30 voitures.

Le cadre en officiers de l'escadron d'artillerie comprendrait sur le pied de guerre :

Un chef d'escadron, commandant,
Trois capitaines,
Trois lieutenants,
Trois officiers à brevet.

Soit un capitaine, un lieutenant et un officier breveté par batterie de 4 pièces. Nous avons donc, pour 12 pièces, un officier de plus que dans l'ancienne organisation. Mais comme, sur le pied de paix, nous n'entretiendrons que deux lieutenants au lieu de trois, ce cadre se réduit alors à 6 officiers réguliers, et il est encore très-suffisant pour assurer le service.

Pour le cadre de troupes de l'escadron, nous adopterons à peu près les chiffres usuels, c'est-à-dire un maréchal des logis comme chef de chaque pièce, un brigadier chef de caisson, et des cadres proportionnels pour les voitures de réserve. Cependant, pour l'ensemble des 12 pièces, nous pourrons n'avoir, grâce à la réunion des réserves en une seule unité, qu'un adjudant. De même, cette réunion nous permet de faire l'économie d'un maréchal des logis sous-chef artificier, de 2 trompettes sur 6, et de quelques ouvriers ou bourreliers faisant double emploi.

Outre les 12 pièces et les 12 caissons de combat, l'escadron comprendrait 4 caissons à munitions d'artillerie (pour compléter à 200 coups environ l'approvisionnement de chaque pièce), 2 forges, 3 chariots de batterie, 2 affûts de rechange et 1 voiture à bagages. Total des voitures, 36.

Sur le pied de paix, l'effectif d'un escadron monté d'artillerie serait de 180 hommes, cadres compris. Sur le pied de guerre, en supposant les attelages à six chevaux, ce chiffre s'élèverait à 275. Le quart des gradés serait formé de réservistes.

Nous retrouvons donc ainsi le mode de distribution des grades et des cadres, ainsi que les effectifs normaux, que nous avons déjà adopté pour l'unité tactique et administrative dans les autres armes. L'escadron d'artillerie devient analogue au « groupe » d'infanterie et à l'escadron de cavalerie. Les groupements, l'importance du commandement des officiers et leur avancement sont sensiblement les mêmes. Nous n'avons donc pas besoin d'insister de nouveau sur les avantages divers que présente cette organisation, surtout au point de vue économique. Nous allons voir cette analogie se poursuivre encore pour la constitution des unités d'ordre supérieur.

Nous avons dit plus haut qu'on admettait généralement maintenant qu'à chaque corps d'armée de 30,000 hommes, il faudrait dorénavant affecter en campagne 18 batteries ou 108 pièces. Ces nombres résultent en effet des travaux divers publiés sur ce sujet, des principaux projets qui ont été présentés, et notamment du projet de réorganisation émanant de la commission de l'Assemblée nationale.

Nous sommes entièrement d'avis, pour notre part, que ce chiffre de 108 pièces est précisément celui qui est le plus convenable. Il donne une bonne proportion de bouches à feu par chaque millier de combattants, et ce qui est plus important, il est exactement égal à celui que le calcul assigne pour le nombre de bouches à feu qui peuvent être mises en batterie, d'une manière fructueuse et efficace, sur le terrain d'opérations occupé par un corps d'armée.

Seulement, nous avons essayé de démontrer ci-dessus, qu'au lieu de réunir les pièces par six en batteries juxtaposées deux à deux, il était bien préférable de les réunir par douze, en escadrons-unités.

Au lieu de 18 batteries de 6 pièces, notre corps d'armée comprendra donc 9 escadrons de 12 pièces (ou mieux 27 petites batteries de combat de 4 pièces).

Il s'agit maintenant de savoir comment doivent être répartis ces neuf escadrons, ou 108 pièces, entre les deux divisions et la réserve d'artillerie du corps d'armée.

Mais ici le problème se présente d'une manière si peu définie et si confuse, qu'il est très-difficile de lui donner une solution précise et mathématique; et la preuve, c'est que les principaux auteurs qui se sont occupés de la question sont en complet désaccord entre eux sur la solution qu'elle doit recevoir. Dans les diverses armées étrangères, dans les différents projets présentés en France, la proportion entre le nombre de pièces divisionnaires et celui des pièces des réserves varie énormément. Quelquefois dans une même armée, par exemple à l'armée du Rhin, on la voit varier suivant les corps. — Le colonel Lewal, qui a eu la patience de relever cette proportion pour les armées qui ont opéré militairement depuis le commencement du siècle, trouve que le chiffre des pièces de la réserve a varié entre les deux tiers et la neuvième partie du chiffre total des pièces du corps d'armée; quant à lui, il estime que chacune des deux divisions d'infanterie doit comporter 6 batteries, soit 36 pièces divisionnaires. — La commission de l'Assemblée nationale pense, au contraire, que chaque division d'infanterie ne doit être pourvue que de 4 batteries ou 24 pièces, tandis que la réserve de corps d'armée doit comporter 48 pièces, et la brigade de cavalerie 12 pièces.

Pour expliquer cette indécision générale, il suffit d'envisager l'incertitude et le peu de précision du rôle de la réserve. On la destine réglementairement « à renforcer un point faible de la ligne des batteries divisionnaires » ou à « accentuer une attaque sur un point déterminé. » En présence du vague de ces définitions et du peu de précision des données, on conçoit la variété des appréciations.

Quant à nous, nous pensons, avec le colonel Lewal, qu'il y a avantage à renforcer l'artillerie divisionnaire et à la constituer de 36 pièces. On a plus de chances ainsi d'arriver à l'utilisation plus complète et plus fréquente des bouches à feu. Les divisions, qui auront en artillerie des moyens d'action plus étendus, acquerront aussi plus de puissance, plus de hardiesse et d'indépendance d'opérations. Leurs généraux pourront mieux poursuivre le but à atteindre, quelles que soient les circonstances et les résistances passagères, sans avoir besoin de solliciter un renfort souvent tardif. L'objection principale, — celle d'allonger et d'alourdir les colonnes divisionnaires, — que l'on opposait jadis à cette disposition, n'a plus de valeur maintenant, puisqu'il est généralement admis que, de toutes manières, l'artillerie de réserve ou mieux de corps d'armée, doit marcher, sinon en tête, du moins au milieu des colonnes d'infanterie.

A chaque division nous affecterons donc 36 pièces ou 3 escadrons d'artillerie.

La détermination de ce chiffre *trois* pour le nombre des unités d'artillerie dans la division provient encore, dans notre système, d'une autre raison, que nous avons déjà relevée d'une manière analogue pour la cavalerie. De ce que nous avons été conduits à composer la division de 3 légions ou unités d'infanterie, il résulte sous divers rapports, et surtout au point de vue des détachements, que toutes les autres armes doivent pouvoir se fractionner ou se subdiviser en multiples de trois. De la sorte, nous trouvons la confirmation de la nécessité du fractionnement de notre artillerie divisionnaire d'abord en trois escadrons, puis chacun de ceux-ci en trois batteries, correspondant chacune, si l'on veut, à un régiment d'infanterie.

L'adoption du système ternaire continu, à tous les degrés, dans toutes les armes, se prête donc merveilleusement à toutes les exigences du service et à toutes les nécessités des opérations en campagne. Nous avons été conduit à la proposition de ce système par diverses considérations économiques ou de commandement. Nous pouvons vérifier maintenant qu'il remplit beaucoup d'autres conditions éminemment avantageuses, et qu'il assure en outre, pour toutes les armes, une égalité presque absolue de hiérarchie.

Nous allons à présent déduire de l'organisation et du groupement des unités inférieures la constitution complète de l'artillerie de campagne. Mais pour éviter de rentrer dans des détails tout à fait analogues à ceux relatifs à l'infanterie et à la cavalerie, nous résumerons très-sommairement notre exposition.

L'artillerie affectée à chaque division formera un régiment de trois escadrons montés, soit 36 pièces. Ce régiment sera commandé par un colonel. Les deux divisions d'infanterie de chaque corps d'armée emploieront donc ensemble deux régiments, ou 72 pièces.

Les 36 pièces qui doivent compléter l'artillerie du corps d'armée, pour atteindre au chiffre de 108 bouches à feu que nous avons adopté, seront aussi organisées en 3 escadrons formant ensemble un régiment. Elles constitueront l'artillerie de réserve ou de corps. Un des trois escadrons de ce régiment sera formé d'artillerie à cheval [1].

---

[1] Cette artillerie à cheval n'existe pas dans quelques armées étrangères. Nous croyons que son existence dans le corps d'armée est indispensable pour l'accom-

L'artillerie du corps d'armée comprendra ainsi en tout 3 régiments ou 9 escadrons ou 27 petites batteries de 4 pièces. Ces 3 régiments, réunis à un escadron-dépôt de 3 batteries, formeront normalement la *légion d'artillerie de campagne du corps.*

Absolument comme pour les autres armes, la légion d'artillerie comprendra donc dix unités tactiques et administratives ou escadrons, et 30 sous-unités ou batteries. Nous abrégerons notre examen en en supprimant les détails.

Enfin, dans chaque corps d'armée, le général commandant l'artillerie aura sous ses ordres cette légion de campagne, son école et l'escadron du train qui lui est affecté, comme nous le verrons plus loin. Il aura en outre sous son commandement l'état-major de l'arme, l'artillerie de forteresse et enfin les établissements, s'il y en a sur le territoire de la région.

Nous avons déjà exposé, pour les autres armes, les avantages divers qui résultent de nos dispositifs ternaires. Nous n'y reviendrons pas pour l'artillerie. Nous ferons seulement remarquer combien, pour cette dernière arme en particulier, l'adoption de notre système facilite l'unité et la centralisation du commandement. La commission de l'Assemblée nationale, qui admet dans son projet une brigade de deux régiments mixtes dans chaque corps d'armée, est obligée d'introduire la plus grande complication dans la répartition des batteries au moment de l'entrée en campagne. Un de ses deux régiments se trouve absolument scindé en deux parties pour la formation de l'artillerie divisionnaire. En outre, quelques batteries montées ou à pied sont détachées de leurs régiments naturels pour concourir à la formation des réserves générales. Il en est de même pour les batteries à cheval destinées à la cavalerie d'armées.

Dans le système que nous venons d'exposer, il n'existe au contraire aucune complication ni dislocation au moment de la mobilisation. La légion d'artillerie de campagne du corps d'armée se partage alors tout naturellement en ses trois régiments. Les deux premiers, forts chacun de 36 bouches à feu montées, sont affectés respectivement aux deux divisions d'infanterie. Le troisième régiment, fort de 24 pièces de calibre supérieur et de 12 pièces légères dont les servants sont à cheval, constitue l'artillerie de corps. A tous les degrés, le fonctionnement du commandement et de l'administration est donc extrêmement simple. Quant à l'artillerie de siége ou de place, et à l'artillerie légère destinée aux divisions de cavalerie d'armées, nous verrons plus loin que leur organisation doit exister entièrement

plissement de certaines missions spéciales, qui exigent une légèreté et une célérité exceptionnelles. Une ou deux batteries de cet escadron marcheraient d'habitude avec les six escadrons de la cavalerie de corps.

en dehors de celle de l'artillerie de corps d'armée, et nous examinerons alors quelle doit être leur constitution rationnelle.

Train d'artillerie. — On sait que, depuis quelques années, les munitions d'infanterie ont cessé d'être transportées et distribuées à la suite des divisions par les soins des batteries d'artillerie. En 1867, en effet, on a édicté que, dorénavant, la réserve divisionnaire de cartouches d'infanterie serait conduite par les soins du train d'artillerie. Cette réserve devait réglementairement comprendre 308,880 cartouches pour la division d'environ 10,400 fusiliers, ce qui correspond à 30 par homme ; elle était portée par 20 voitures, exigeant pour leur conduite 46 hommes et 72 chevaux. — En outre chaque parc de corps d'armée comprenait autant de fois 9 voitures de munitions (soit 239,076 cartouches ou 23 par homme) qu'il y avait de divisions d'infanterie dans le corps d'armée.

Ces prescriptions réglementaires ont été plus ou moins bien observées dans la dernière guerre. Elles ont donné lieu à certaines observations, surtout au point de vue de la consommation des munitions et des pertes résultant de l'irresponsabilité du conducteur du train détaché à la suite des bataillons, et abandonné souvent sans secours dans une position critique. (Il serait peut-être préférable à l'avenir d'affecter en permanence à chaque régiment d'infanterie un ou deux caissons conduits par des hommes de ce régiment.) — En outre, il règne encore une certaine incertitude sur l'adoption du meilleur mode de véhicule, le caisson à deux roues et à tiroirs ayant présenté quelques inconvénients. En dernier lieu enfin on n'est pas encore tout à fait fixé sur l'importance nécessaire de la réserve en cartouches, le nombre de coups tirés en moyenne par chaque homme dans les batailles de la dernière guerre, s'étant trouvé bien loin d'être égal à celui qui avait été présumé [1].

Mais, quoi qu'il en soit, cette incertitude ne saurait modifier sensiblement les cadres et les effectifs des troupes du train d'artillerie affectées au service des parcs. Aussi nous n'hésiterons pas à en déterminer les bases, et fidèle à notre système nous les mettrons en harmonie, pour les raisons déjà énumérées plusieurs fois, avec celles qui régissent les organisations des autres armes.

Dans chaque corps, nous annexerons à la légion d'artillerie de campagne un escadron du train d'artillerie. Cet escadron comprendra 3 compagnies et un dépôt.

---

[1] Voir le travail intéressant et les tableaux statistiques de M. le colonel Bergo sur les approvisionnements et le service des munitions d'infanterie dans les parcs. Ce travail a été publié dans le *Journal des Sciences militaires* (mai 1872).

Sur le pied de paix, cet escadron ne sera fort que de 200 hommes (cadres compris). Dans chaque compagnie il y aura 1 capitaine, 2 lieutenants et 8 sous-officiers.

Sur le pied de guerre, nous pouvons sans inconvénient donner, par l'admission des réservistes, une large extension aux unités. Chaque compagnie recevra alors en plus 4 officiers brevetés, 8 nouveaux sous-officiers, 20 brigadiers et 200 soldats; elle pourra former ainsi de nombreux et solides détachements, tous bien encadrés et commandés. Ici encore nous adopterons le système des sous-unités administratives, que nous préférons de beaucoup à celui du dédoublement, lequel est toujours une source de dislocations et de retards au moment de la mobilisation.

L'escadron à 3 compagnies, sous les ordres de son commandant, sera chargé de la conduite du parc de corps d'armée. Son effectif au complet de mobilisation sera de 896 hommes tout compris. On détachera dans chaque division d'infanterie une demi-section commandée par un lieutenant régulier, pour la conduite des 20 voitures du parc divisionnaire.

Si cela est nécessaire, la compagnie-dépôt de l'escadron fournira une ou deux demi-sections, réparties sur la ligne d'étapes spéciale du corps d'armée. Mais nous tenons pour chaque corps d'armée à maintenir formellement l'unité de commandement et d'administration du train d'artillerie. C'est ainsi seulement que nous éviterons la confusion et que nous pourrons donner satisfaction à tous les besoins réguliers.

Quant aux services extraordinaires et spéciaux du train d'artillerie en dehors du corps d'armée, comme, par exemple, la conduite des grands parcs d'armées, nous les assurerons, ainsi que nous le verrons plus loin, avec des troupes spéciales constituées entièrement en dehors des corps d'armée, et non comprises dans la composition normale du corps sur la région duquel elles sont éventuellement en garnison.

Artillerie d'armées et artillerie de forteresse.

Les observations qui précèdent nous amènent immédiatement à envisager la question de l'artillerie d'armées, c'est-à-dire de celle qui opère en dehors des corps régionaux, soit avec la cavalerie d'armées, soit pour les réserves générales, soit pour le service des pièces de siége ou de place.

Artillerie a cheval ou cavalerie a canons. — La cavalerie d'armées doit incontestablement être pourvue d'artillerie légère dont les servants sont à cheval. Et le chiffre des bouches à feu affectées à ce service ne saurait donner lieu à beaucoup de controverses, car l'on admet très-généralement maintenant qu'il faut attribuer aux corps de cavalerie d'armées une proportion de 6 pièces environ pour 1,000 cavaliers. A cet effet, la commission de l'Assemblée nationale propose, dans son projet de réorganisation, d'affecter quatre batteries, soit 24 pièces, à chaque division de cavalerie de 16 escadrons.

Nous avons vu que, dans notre système, la cavalerie d'armées serait organisée en légions de trois régiments, fortes chacune d'environ 2,000 cavaliers. En admettant la proportion ci-dessus, à chaque légion de cette cavalerie, nous devrons donc attribuer 12 pièces, soit précisément l'unité d'artillerie que nous avons appelée *escadron.*

Or, nous avons plus haut fait ressortir que nous devions avoir en France 8 légions de cavalerie d'armées, et qu'au besoin une 9e légion pouvait être fournie pour ce service par la cavalerie d'Afrique. Il nous faudra donc organiser un nombre égal d'escadrons d'artillerie à cheval, et, par suite, nous devons avoir en tout 9 escadrons de cette artillerie légère, indépendamment des batteries à cheval qui font partie intégrante de chaque corps d'armée.

Pour l'organisation de ces escadrons, deux systèmes sont en présence : ou bien chacun de ces escadrons peut, en temps de paix, faire partie d'un régiment ou légion d'artillerie de corps d'armée, et en être détaché à l'entrée en campagne : c'est le système de la commission de l'Assemblée nationale; ou bien ces escadrons peuvent être réunis en régiments spéciaux d'artillerie à cheval : c'est l'ancien système de l'armée française, et c'est celui qui est encore adopté dans certaines armées étrangères.

C'est à ce second système que nous nous rallierons. Nous pensons que le développement de l'instruction spéciale et la facilité de la mobilisation n'ont qu'à gagner à la réunion, en corps, de l'artillerie destinée uniquement à marcher en campagne avec la cavalerie d'armées. Pourquoi compliquer à plaisir l'unité de commandement et d'administration, par des détachements irrationnels? Pourquoi ne pas affecter toujours les mêmes batteries en temps de paix, au service tout particulier qu'elles doivent exclusivement remplir en temps de guerre auprès de la cavalerie d'armées? Et pourquoi ne pas leur donner pour ce service spécial et technique l'aptitude et l'instruction la plus étendue possible? Quant aux dix-huit légions des corps régionaux, nous savons qu'elles comportent déjà chacune un escadron d'artillerie légère dont les servants sont à cheval; l'instruction générale et les mutations de personnel nécessaires n'auront pas par conséquent à souffrir, dans ces légions, de la spécialisation permanente de l'artillerie légère d'armées. Pour ces motifs, nous pensons donc qu'il est préférable de distraire cette dernière artillerie des légions ordinaires de corps d'armée, et de la constituer en corps distinct, formant une sorte de cavalerie à canons.

Or, nous avons vu ci-dessus qu'il nous fallait neuf de ces escadrons d'artillerie à cheval pour le service de la cavalerie d'armées. L'organisation de ces neuf escadrons est donc tout indiquée, à la suite de l'étude générale que nous venons de faire. Par analogie avec les autres corps d'artillerie, ces neuf escadrons constitueront une légion d'artillerie à cheval, qui comprendra en outre un escadron-dépôt.

En temps ordinaire, cette légion de trois régiments serait centralisée et casernée dans une ville à portée des garnisons de la cavalerie d'armées, à Versailles, par exemple. Au besoin, un ou plusieurs de ses escadrons pourraient aller prendre part aux manœuvres d'ensemble de cette cavalerie. Au moment de la mobilisation, les détachements et l'affectation des escadrons se feraient sans difficulté. Ainsi, il n'y aurait ni confusion, ni embarras, ni inutilisation. Il n'y a pas d'autre objection à ce système que le défaut d'emploi apparent du colonel de légion et de ses trois colonels de régiment. Mais il n'est pas difficile de reconnaître qu'en temps de paix ces quatre officiers sont indispensables pour le commandement et l'instruction de leurs troupes, et qu'en temps de guerre on ne manquera pas non plus de poste où l'on pourra les utiliser fructueusement, suivant leur compétence.

D'ailleurs, éventuellement, on pourrait réunir en divisions deux ou trois légions de cavalerie d'armées, et, dans ce cas, le commandement des colonels trouverait naturellement lieu de s'exercer sur les deux ou trois escadrons d'artillerie à cheval ainsi nécessairement réunis.

Réserves générales d'armées. — L'existence et la nécessité des réserves générales d'artillerie d'armées a donné lieu à beaucoup de discussions. Plusieurs écrivains dignes d'estime nient absolument la possibilité et l'efficacité de leur emploi. D'autres en affirment énergiquement l'indispensabilité. A plus forte raison, n'est-on pas d'accord sur l'importance que ces réserves peuvent ou doivent acquérir.

La commission de l'Assemblée nationale propose formellement de constituer à chacune des quatre armées dont on peut prévoir la mobilisation, une réserve générale d'artillerie, forte de 8 batteries montées et 2 batteries à cheval, soit 60 pièces. Il y aurait donc lieu d'entretenir en tout pour ce service 4 régiments complets, soit 40 batteries attelant 240 pièces.

Sans nous prononcer précisément contre ce dernier projet, nous pensons qu'il est légèrement empreint d'exagération. Mais, d'autre part, nous devons observer que, jusqu'ici, nous n'avons pas tenu compte, dans notre étude, de la nécessité de pourvoir d'artillerie les troupes de l'Algérie et celles des colonies. Cependant ces troupes comprennent 12 légions d'infanterie et 3 de cavalerie, c'est-à-dire un ensemble capable de fournir un 19e corps et même éventuellement un 20e.

Nous supposerons donc, hypothèse évidemment exagérée, qu'il soit nécessaire de mobiliser en entier, pour une guerre européenne, ces deux corps d'armée assez hétérogènes, et nous entretiendrons en permanence, identiquement comme pour les dix-huit corps régionaux, les troupes d'artillerie qui leur seraient nécessaires, c'est-à-dire une 19e et une 20e légion d'artillerie[1].

Nous avons ainsi à notre disposition deux légions ou dix-huit escadrons de guerre d'artillerie, soit 216 pièces, chiffres de beaucoup supérieurs à ceux qui sont nécessaires pour les 19e et 20e corps dans leur situation normale, c'est-à-dire en Algérie ou aux colonies. En cas de guerre européenne, si une portion de cette artillerie reste disponible, par suite de la mobilisation seulement partielle des 19e et 20e corps, on pourra l'affecter aux réserves générales d'armées, sur la demande nettement formulée des généraux en chef. — Nous ne nous faisons pas illusion, au point de vue de la logique, sur la valeur et l'exactitude d'un tel dispositif. Mais ici, comme dans d'autres circonstances, nous avons voulu seulement, en l'absence de données précises, proposer l'adoption d'un moyen terme donnant un peu satisfaction à toutes les opinions, bien que, d'après notre avis, les réserves générales d'artillerie ne nous paraissent pas indispensables.

En résumé, ces deux légions d'artillerie, jointes aux dix-huit légions des corps régionaux, nous donnent pour l'ensemble de l'arme un chiffre de vingt légions d'artillerie de campagne, fournissant 180 escadrons de guerre, — soit 160 escadrons montés et 20 escadrons à cheval, — indépendamment des neuf escadrons spéciaux d'artillerie à cheval d'armées que nous avons déjà dénommés *cavalerie à canons*.

ARTILLERIE DE FORTERESSE. — La fusion du génie avec l'artillerie de siége et de place a été, dans ces derniers temps, préconisée avec ardeur, et les arguments de toute nature pour ou contre cette fusion ont été présentés et examinés avec soin, dans un grand nombre de travaux et de publications techniques.

---

[1] Dans le projet de la commission législative, les douze batteries nécessaires au service de l'Algérie et éventuellement au 19e corps, sont fournies séparément par les deuxièmes régiments d'artillerie de chaque corps d'armée. C'est là une source nouvelle de complications et de dislocation.

Nous n'entrerons pas ici dans une discussion complète et étendue, qui donnerait à notre travail une extension trop grande; nous déclarerons seulement que, personnellement, les raisons alléguées nous ont toujours paru décisives en faveur de cette fusion, et ont déterminé entièrement notre conviction.

Sans revenir sur les froissements et les conflits qui se produisaient constamment entre les états-majors des deux armes au moment des siéges, et sans insister sur le manque de responsabilité effective et d'unité de direction qui résultait toujours forcément de la scission en deux camps distincts de troupes ayant une telle connexité dans l'action, nous nous bornerons à rappeler que les perfectionnements de la grosse artillerie ont été tels depuis quelques années, qu'ils nous paraissent exiger absolument un personnel tout spécial pour le service des bouches à feu de siége et de place, et pour la construction des travaux et des abris nécessaires à ces bouches à feu.

Les affûts mécaniques ou à éclipses, les coupoles, les cuirasses et blindages, acquerront désormais une importance de plus en plus grande soit pour l'attaque, soit pour la défense des places; il faut donc que les ingénieurs connaissent jusque dans les plus petits détails, la construction et la manœuvre de ces machines, ainsi que le fonctionnement au feu des pièces de fort calibre, afin de pouvoir disposer leurs parapets, traverses ou embrasures de la manière la plus convenable. D'autre part, il n'existe plus une grande analogie entre ces grosses pièces manœuvrées, tirées et pointées lentement à l'aide de machines compliquées, et l'artillerie de campagne si mobile, si manœuvrière, n'utilisant qu'un matériel simple, et s'incorporant avec rapidité au milieu des troupes combattantes. Pourquoi vouloir indéfiniment généraliser les attributions? On n'arrive plus ainsi qu'à consacrer, parmi les officiers, l'habitude des demi-spécialités, c'est-à-dire de l'insuffisance générale sous prétexte d'universalité. Laissons donc à l'artillerie de campagne l'étude de la tactique de toutes les armes et la pratique de l'équitation. Réservons à l'artillerie de forteresse et de siége le tir et la manœuvre des pièces de gros calibre, la construction des abris permanents, et les travaux de terre qui s'y rattachent, traverses, sapes et même mines.

D'après ce qui précède, nous attribuerons donc exclusivement à l'artillerie de forteresse les fonctions suivantes : 1° construire et armer les fortifications; servir les pièces nécessaires à la défense de celles-ci; — 2° Exécuter les travaux d'approche et d'attaque des places ennemies, sapes, batteries, mines, etc.; servir les bouches à feu de siége.—Cette artillerie sera essentiellement une arme à pied. Son matériel sera traîné par le train d'artillerie.

Pour les raisons que nous avons déjà données ci-dessus, il ne nous paraît pas désirable d'organiser cette artillerie en batteries adhérentes aux régiments d'artillerie de campagne. Pour la facilité et le perfectionnement de l'instruction technique, nous croyons préférable, au contraire, de les réunir en troupes spéciales, peu nombreuses, indépendantes des corps d'armée régionaux, et résidant d'habitude nécessairement dans des forteresses, pour la facilité de leurs écoles.

Comme on le voit, les attributions de ces troupes sont assez étendues. Elles ne participent de celles de l'artillerie que pour le tir des canons *sur place*. Elles englobent les attributions actuelles du génie, moins les travaux de campagne proprement dits, qui sont : la construction des ponts fixes, la réparation des voies ferrées et des télégraphes, l'établissement des ouvrages de cantonnement et de baraquement, les fours, les défenses accessoires, abatis, barricades, etc.

Il y a quelques années, nous avions encore en France cinq régiments d'artillerie à pied, fournissant 80 batteries, et trois régiments du génie ayant ensemble 51 compagnies (dont le tiers environ était destiné à la guerre de siége). Les troupes de forteresse, analogues à celles que nous venons de définir, comprenaient donc alors environ 100 batteries ou compagnies, soit 8,000 hommes, en temps de paix. Ce chiffre, qu'il faut doubler pour le pied de guerre, est celui que nous adopterons. Il est en rapport avec celui de l'armée allemande. Il diffère peu de celui qui est proposé par la commission de l'Assemblée nationale (2 batteries à pied par régiment, soit 80 en tout, dont 23 pour les siéges et 57 pour la défense des places).

Nous n'avons pas, pour la constitution de ces troupes en unités, à présenter des raisons comparables à celles que nous avons exposées pour les autres armes. C'est donc uniquement par analogie avec celles-ci que nous proposerons de les diviser en légions de 2000 hommes sur le pied de paix. Avec l'effectif de 8000 hommes nécessaires pour l'ensemble du corps, il en résultera la création de 4 légions. Ces légions seront pareillement subdivisées en groupes et en compagnies. — Dans chaque compagnie il y aura, outre les cadres habituels, des maîtres artificiers et des pointeurs brevetés. Les autres soldats devront indifféremment être aptes aux fonctions de terrassiers-pionniers, ou de servants-manœuvriers de leviers ou autres engins.

Chacune des quatre légions fournira, au besoin, le nombre de compagnies nécessaire pour constituer les corps de siége exigés par la marche des opérations militaires. En temps de guerre, le surplus des batteries serait ensuite réparti entre les places fortes du territoire ou sur les côtes. Les colonels de légions ou de régiments recevraient alors de préférence le commandement supérieur de ces places fortes, *ainsi que des troupes de l'armée territoriale qui en formeraient les garnisons;* et il est probable qu'on n'aurait pas à regretter d'avoir confié à leurs aptitudes spéciales la direction de la défense de ces places.

En temps de paix, il ne faudrait que quatre polygones ou forteresses pour les écoles techniques de ces légions. Les garnisons ne seraient donc pas difficiles à déterminer (Vincennes, Arras, Grenoble et Bayonne ou La Rochelle, par exemple) ni coûteuses à établir; tandis que dans le projet de la commission de l'Assemblée nationale, il est difficile d'admettre qu'il soit possible de trouver 20 places où les batteries à pied des régiments de corps d'armée pourront faire fructueusement leurs études de siége et de place.

Récapitulation. — En somme, le corps de l'artillerie comprendra ainsi (outre les compagnies d'ouvriers et d'artificiers): 25 légions complètes, dont 1 à cheval et 4 de forteresse ou à pied. De même il y aura 25 escadrons du train d'artillerie, savoir: 20 avec les légions de campagne, 4 pour les grands parcs de nos quatre armées, et 1 pour le corps de siége.

Génie. — Train. — Troupes spéciales.

On conçoit que nous ne puissions pas, pour chacun des corps secondaires qui nous restent à examiner, entrer dans des détails analogues à ceux que nous n'avons pas craint d'aborder pour les autres armes. Notre étude sur les cadres et le budget de l'armée, qui devrait cependant nécessairement s'étendre, pour être exacte, jusqu'aux plus petits détails des organisations, prendrait ainsi un développement exagéré et serait même dépourvue d'intérêt pour la plus grande partie des officiers.

Nous nous bornerons, en conséquence, à examiner très-succinctement et sans ouvrir de discussion, la composition sommaire et la répartition de ces troupes spéciales dans les corps d'armée et les armées.

Génie de campagne. — Nous avons vu que, dans chaque légion d'infanterie, il y aurait 40 sapeurs titulaires armés d'outils à main, et que ce nombre serait doublé au moment de la mobilisation, à l'aide de réservistes choisis dans les régiments parmi les ouvriers d'art (charpentiers, serruriers, etc.). Dans chaque division de trois légions, il y aura donc ainsi environ 240 ouvriers d'art d'infanterie, auxquels seront réservés les menus travaux de défense en campagne, c'est-à-dire les barricades, crénelages de murs, établissements d'abris, de rampes, de fossés, etc. Ces travaux seront faits sous la direction d'un officier d'infanterie spécial dans chaque légion, et il est probable que ces travaux seront bien exécutés, parce qu'ils seront destinés à être utilisés par les corps de troupe mêmes qui fourniront les travailleurs.

Le génie de campagne proprement dit ne serait donc plus chargé que des ouvrages qui exigent une instruction technique spéciale, c'est-à-dire notamment la construction des ponts, ainsi que la réparation et l'entretien des chemins de fer.

A cet effet, chaque corps d'armée comprendrait un bataillon du génie, fort de 3 compagnies de guerre et d'un dépôt.

La 1re compagnie serait formée d'ouvriers de chemins de fer, de machinistes et de télégraphistes. En campagne, elle serait généralement fractionnée en très-petits détachements, utilisés selon les besoins.

La 2e compagnie comprendrait les pontonniers. Elle marcherait généralement réunie, et serait chargée de l'établissement ou de la réparation des ponts fixes ou mobiles. Son matériel serait conduit par une section du train des équipages du bataillon du corps d'armée.

La 3e compagnie serait formée de pionniers-terrassiers, destinés soit à réparer ou à ouvrir les routes de terre, soit à construire des ouvrages de campagne à profils assez résistants sur les champs de bataille, soit à fournir des servants aux deux autres compagnies.

La compagnie du dépôt fournirait au besoin des détachements de travailleurs en arrière de l'armée, sur la ligne d'étape du corps.

Les officiers de ces bataillons rempliraient les fonctions actuellement dévolues à l'état-major particulier du génie, qui cesserait ainsi d'exister dans le corps d'armée en campagne.

L'ensemble de l'arme comprendrait de la sorte 18 bataillons du génie en France, et en outre deux bataillons employés en Algérie et destinés éventuellement aux 19e et 20e corps; ensemble, 20 bataillons ou 80 compagnies. Il y aurait lieu d'examiner si, en temps de paix, ces bataillons doivent être casernés isolément sur le territoire de leurs corps d'armée, ou s'il n'est pas préférable, pour la facilité des écoles[1] et de l'instruction, de rassembler ces 18 bataillons en 6 régiments ou même en deux légions, dont la répartition se ferait sans difficultés au moment de la mobilisation.

TRAIN DES ÉQUIPAGES, SERVICES ADMINISTRATIFS, OUVRIERS, PERSONNELS DIVERS. — Si nous voulions motiver l'organisation rationnelle de ces services et de leurs cadres, il faudrait forcément entrer dans des détails très-étendus. Par les raisons que nous avons exposées au commencement de ce chapitre, nous nous bornerons donc à énoncer seu-

---

[1] Surtout pour l'école de ponts sur un cours d'eau assez large.

lement ici les chiffres d'ensemble qui s'y rapportent. Nous renverrons les discussions sur les personnels et les services administratifs à un travail spécial que nos études professionnelles nous ont facilité, et dans lequel nous nous sommes efforcé de défendre les vrais et traditionnels principes de l'administration militaire en France.

Il ressort de ce travail que le train des équipages devrait comprendre 25 bataillons, savoir : 18 dans les corps d'armée régionaux, 3 dans les trois provinces de l'Algérie, et 4 pour les grands parcs de nos quatre armées. Les ouvriers d'administration et les infirmiers militaires comprendraient aussi un pareil nombre de bataillons. Chaque bataillon aurait un effectif de 325 hommes sur le pied de paix, et serait plus que quadruplé sur le pied de guerre par l'appel des réservistes.

Enfin, il nous resterait à examiner les personnels spéciaux du recrutement des remontes, de la justice militaire, ainsi que les écoles, les compagnies d'ouvriers, les vétérinaires et interprètes. Les modifications que l'on pourrait peut-être apporter aux cadres de ces services, n'auraient qu'une influence infime sur le budget de l'armée et sur l'ensemble des effectifs entretenus. Nous ne nous y arrêterons donc pas, et dans nos totaux d'ensemble nous admettrons les chiffres actuels.

Nous allons maintenant récapituler les chiffres auxquels notre analyse nous a conduit dans les chapitres qui précèdent, et nous allons résumer la distribution, l'emploi et les effectifs de tous les corps de troupe de notre armée, soit sur le pied de paix, soit sur le pied de guerre.

Distribution complète et emploi des corps de troupe de l'armée, sur le pied de paix.

Effectif de l'armée et des corps d'armée. — Dans le système que nous avons exposé, l'armée française comprendrait :

120 légions d'infanterie et 20 régiments de chasseurs à pied ;
30 légions de cavalerie ;
25 légions d'artillerie et 25 escadrons du train d'artillerie ;
20 bataillons du génie de campagne ;
25 escadrons du train des équipages et 25 bataillons d'administration.

Sur le pied de paix, chaque corps d'armée régional aurait la composition que nous avons détaillée dans les chapitres relatifs à chaque arme, ce qui donnerait comme totaux, par corps d'armée, les effectifs suivants : infanterie, 12,750 hommes ; cavalerie, 1600 ; artillerie et train d'artillerie, 2000 ; génie, 400 ; train et services administratifs,

650. Effectif total du corps sur le pied de paix, 17,400 hommes, sans les états-majors ni les officiers de santé et d'administration. — Pour les 18 corps d'armée régionaux, l'effectif d'ensemble s'élèverait ainsi à 313,200 hommes.

Les corps de troupe stationnant en France sans faire partie d'aucun corps d'armée spécial, c'est-à-dire formant les *réserves d'armées*, auraient ensemble les effectifs suivants : cavalerie (8 légions), 12,800 hommes; cavaliers de remonte, 3,000; artillerie à cheval, de forteresse ou de réserves générales, 10,400 hommes; artificiers ou ouvriers constructeurs, 3,000 hommes; train d'artillerie, 1,200 hommes; train des équipages et bataillons d'administration, 2,600 hommes (pour la cavalerie, l'artillerie et le train, des réserves d'armées, ces effectifs résultent de la détermination que nous en avons faite; pour les ouvriers divers et les cavaliers de remonte, nous avons pris les chiffres inscrits au budget de 1874). — Le total des troupes de *réserves d'armées* s'élèverait ainsi à 33,000 hommes.

Enfin les troupes spéciales de l'Algérie et des colonies, qui seraient appelées éventuellement à fournir un 19e et un 20e corps, donneraient les chiffres suivants, en admettant que la moyenne habituelle du pied de guerre de ces troupes s'élevât aux trois quarts du complet de mobilisation réglementaire : douze légions d'infanterie[1] à 4,000 hommes, 48,000; deux régiments de chasseurs à pied, 2,000 hommes; corps disciplinaires (chiffre de 1873) 3,812 hommes; cavalerie (3 légions et spahis) 9,000 hommes; artillerie (dont 8 batteries de forteresse sur les côtes aux colonies) et train d'artillerie, 3,460 hommes; génie, 800 hommes; remonte, train des équipages et ouvriers, 5,800 hommes. Total, 72,872 hommes. Nous retrouvons ainsi l'effectif total prévu pour ces troupes, au budget de 1874, savoir : Algérie, 64,851 hommes; infanterie et artillerie de marine employées aux colonies, 8,126 hommes.

Récapitulons maintenant ces totaux, et ajoutons-y, tels qu'ils sont consignés dans les prévisions pour 1874, ceux relatifs à la gendarmerie et aux divers officiers sans troupe, nous trouvons ainsi :

États-majors.	4,606	hommes.
Officiers de santé, d'administration, etc.	1,973	—
Gendarmerie.	29,170	—
18 corps d'armée régionaux.	313,200	—
Réserves d'armées.	33,000	—
Troupes d'Algérie et des colonies. . . .	72,872	—
Total de l'effectif de l'armée. . .	454,821	hommes.

[1] Deux de ces légions (8,000 hommes) seraient employées aux colonies. Les dix autres (dont une étrangère et trois de tirailleurs algériens) resteraient en entier en Algérie.

Nous voyons que nous obtenons ainsi, pour l'effectif de l'armée sur le pied de paix, le chiffre de 455,000 hommes environ qui est consacré par l'usage, et qui doit être considéré comme la limite que nous ne pouvons dépasser, à cause des dispositions de la loi de recrutement actuelle, et de la proportion qu'il faut raisonnablement garder entre les anciens soldats et les jeunes recrues.

Économie annuelle. — Nous avons relevé pour chaque arme en particulier les économies considérables que procurerait notre système, s'il était adopté de préférence à ceux qui ont été discutés jusqu'ici. L'ensemble de ces économies, par an, ne s'élèverait pas à moins de 23 millions de francs, d'après nos estimations. Cette somme pourrait être employée d'une manière bien fructueuse pour l'amélioration de notre armement et de nos places fortes, ou pour l'extension de l'instruction à donner à la deuxième portion du contingent annuel.

Avancement et fonctions des officiers. — Le système que nous venons d'exposer offre aux officiers des avantages considérables, en modifiant les proportions des grades et les conditions de l'avancement. Dorénavant un officier qui ne donnerait pas sujet de plaintes pourrait espérer être promu capitaine après cinq ans de grade d'officier, et ne rester capitaine que huit ou dix ans. En outre, une fraction importante du cadre actuel des officiers recevrait d'emblée un avancement immédiat. Dans toutes les armes, la proportion relative des grades et les échelons successifs du commandement seraient établis par les chiffres suivants :

Colonel de légion	1
Colonels	3
Commandants	10
Capitaines	30
Lieutenants	10
Sous-lieutenants	10

L'introduction, dans les corps de troupe, des officiers pourvus d'emplois spéciaux ou des comptables modifierait à peine cette proportion relative. Dans l'artillerie seule, l'intervention du cadre de l'état-major particulier de l'arme viendrait modifier, au bénéfice des officiers, cette échelle d'avancement. Mais ce léger avantage ne saurait être contesté à une arme savante qui ne renferme qu'un faible chiffre d'officiers sortis des rangs, ce qui a pour effet d'encombrer les grades supérieurs et de retarder l'avancement général.

Enfin, nous nous sommes efforcé de répartir les attributions dans chaque corps ou unité, de manière à donner à chaque officier un commandement effectif et une sphère d'action nettement limités.

Ainsi l'initiative de chacun et les responsabilités resteront entières; ainsi s'élèvera, il faut l'espérer, le niveau général de l'instruction.

En somme, économie, facilité de l'instruction et de la mobilisation, amélioration et égalisation de la condition des officiers, tels sont les avantages que notre système réalise en temps de paix. Nous allons examiner maintenant succinctement comment il fonctionnerait en temps de guerre.

Dispositif du corps d'armée mobilisé sur le pied de guerre. — Avantages du système proposé sur l'ancienne organisation.

Nous avons arrêté, pour chaque arme en particulier, l'organisation des corps de troupe qui doivent constituer le corps d'armée, et voici en résumé à quelle composition normale nous sommes arrivé :

Chacune des deux divisions d'infanterie du corps d'armée comprendrait :

Trois légions d'infanterie, chacune de 3 régiments à 3 groupes de 450 hommes ;

Un régiment d'artillerie (36 pièces), en 3 escadrons-montés ;

Un escadron de guides.

Les troupes de réserve du corps d'armée se composeraient en outre de :

Un régiment de chasseurs à pied, à 3 bataillons ou groupes;

Deux régiments de lanciers ou dragons, soit 6 escadrons;

Un escadron de guides du quartier général;

Un régiment d'artillerie (2 escadrons montés et 1 à cheval);

Un bataillon du génie;

Un escadron du train d'artillerie;

Un escadron du train des équipages;

Un bataillon d'ouvriers d'administration ;

Ces trois dernières unités détachant dans chaque division une faible fraction de leur effectif, pour être affectée en permanence au service des parcs divisionnaires.

D'après les chiffres que nous avons établis pour les unités de chaque arme, il est facile de voir que l'effectif total du corps d'armée au complet de mobilisation s'élèverait ainsi à 36,000 hommes environ. Mais l'expérience prouve d'une manière incontestable que, quelle que soit la perfection et la promptitude du mode d'envoi des renforts, il existera constamment et inévitablement un *déchet,* égal au moins à la sixième partie de l'effectif d'ensemble, et provenant des hommes absents ou laissés en arrière pour cause de maladie légère ou pour divers autres motifs. Le chiffre ci-dessus sera donc, à cause de l'existence de ce *déchet*, ramené à environ 30,000 pour la moyenne habituelle de guerre. Nous savons que ce chiffre de 30,000 hommes, par corps d'armée de deux divisions, est précisément celui que nous devons poursuivre comme effectif rationnel. C'est exactement ce chiffre que le calcul assigne comme le plus convenable pour la rapidité de la marche en route, pour la facilité des évolutions et celle de l'alimentation sur place. C'est aussi à ce chiffre que l'on est conduit, du reste, par l'examen des ressources totales que la loi de recrutement permet de mobiliser, si l'on admet, ce qui est voté, que l'ensemble de notre armée doit être subdivisé en 19 ou 20 corps d'armée.

Notre système donne donc entièrement satisfaction à toutes les exigences, sous le rapport des effectifs. Voyons maintenant comment il va fonctionner en temps de guerre sous le rapport des dispositifs tactiques et de la subdivision des unités. C'est là que vont se manifester les incontestables avantages du mode de division ternaire.

Supposons d'abord le corps d'armée en marche. L'ordre de route va immédiatement et rationnellement se trouver indiqué par les chiffres mêmes des corps de troupe et par la disposition relative des diverses unités.

Rappelons d'abord qu'en première ligne marchera la cavalerie d'armées. Nous savons qu'à chaque armée de quatre corps nous avons affecté deux légions, soit 18 escadrons de cavalerie d'armées. Ces troupes formant une brigade de plus de 3,000 cavaliers, placée sous les ordres du général en chef, battront le pays aussi loin que possible en avant, dissimuleront les mouvements de l'armée, surveilleront au contraire ceux de l'adversaire, occuperont les territoires, ordonneront les réquisitions, et relieront l'armée à laquelle elles sont attachées avec les armées voisines. C'est ce rôle brillant que, dans la dernière guerre, la cavalerie allemande a su si bien remplir en trois occasions mémorables : la marche de Nancy sur Épernay—Sedan, celle de Metz sur Orléans, et celle de Châlons sur Besançon. Dans ces marches si hardies, les cavaliers d'avant-garde ont quelquefois précédé les corps d'armée de 40 ou 50 kilomètres.

Mais cette cavalerie d'armées, malgré sa mission si importante et si utile, ne saurait cependant suffire pour le service de sûreté. En effet, cette cavalerie, par suite de l'étendue du terrain qu'elle embrasse, a une mission et des allures essentiellement variables. Suivant les péripéties de la marche, elle peut être amenée à se concentrer sur certaines voies, et à ouvrir ainsi momentanément des trouées ou des vides qui pourraient être une source de périls.

D'ailleurs, si la résistance s'accentue, cette cavalerie sera forcément amenée à démasquer la ligne des corps d'armée et à se replier sur les flancs de ceux-ci. Nous avons donc été conduit à constater la nécessité de l'existence de la cavalerie spéciale de corps d'armée, et nous avons expliqué plus haut, en détail, l'organisation et le mode de fonctionnement de cette cavalerie, qui ne s'écarte jamais du gros de son corps d'armée, et qui forme un rideau continu en avant ou sur les flancs de celui-ci, à une distance presque invariable.

Les deux régiments de lanciers ou dragons qui composent cette cavalerie marcheront généralement ensemble à la même hauteur. Ils détacheront, tout à fait en première ligne, des petites escouades de cinq cavaliers et un brigadier, lesquelles enverront elles-mêmes en avant, au besoin, un ou deux éclaireurs isolés. Ces escouades, formant une chaîne ou un jalonnement continu, seront accompagnées à quelques centaines de mètres en arrière par des demi-pelolons de soutien; puis, plus en arrière encore, par un peloton entier de leur escadron. Plus loin enfin, et comme réserve, marcheront en colonne de route, dans l'ordre compacte, les escadrons restants, accompagnés généralement par une ou deux batteries d'artillerie à cheval. Ces troupes de cavalerie, quand l'action se sera engagée sérieusement, se concentreront en arrière ou sur les flancs de leur corps d'armée, prêtes à agir par le choc ou pour la poursuite de l'ennemi, dès que l'occasion s'en présentera.

Derrière cette cavalerie marchera l'ensemble de troupes qui constituera ce que l'on appelle l'AVANT-GARDE du corps d'armée.

Le rôle de l'avant-garde, sa composition usuelle et sa force relative, sont trop connus pour que nous les définissions ici. Voici, dans le système que nous avons exposé, comment il semble rationnel de constituer cette avant-garde d'un corps d'armée en marche :

Une légion d'infanterie de neuf bataillons;

Un escadron d'artillerie de douze pièces;

Une demi-compagnie de pionniers-terrassiers.

L'effectif de cette troupe sera ainsi d'environ 4,500 hommes (sans compter la cavalerie qui la précède de très-près). On y joindra d'habitude un bataillon ou groupe de chasseurs à pied. Lorsque la cavalerie aura vivement senti le contact de l'ennemi et aura engagé l'action, cette avant-garde ralliera ses compagnies ou ses groupes détachés en flanc pour le service de sûreté, et entrera immédiatement en ligne. Si les circonstances le commandent, elle s'engagera offensivement. Si, au contraire, elle croit devoir se tenir sur la défensive ou si la résistance s'accentue, elle se bornera à occuper les positions avantageuses ou susceptibles d'acquérir ultérieurement de l'importance, et s'efforcera avec opiniâtreté de s'y maintenir en attendant des renforts.

Cette avant-garde sera commandée par le général de brigade de la division de tête.

Derrière l'avant-garde marcheront les troupes de soutien. L'effectif de celles-ci doit être dans une proportion déterminée avec l'effectif de l'avant-garde. D'après des principes d'art militaire généralement admis, cette proportion ne peut varier qu'entre une fois et demie et trois fois.

Tout naturellement donc, nous sommes amené à composer ces troupes de soutien de *deux* légions d'infanterie, c'est-à-dire de ce qui reste de la division de tête, après le prélèvement de l'avant-garde.

Entre ces deux légions marcheront les deux escadrons d'artillerie (vingt-quatre pièces) qui complètent le régiment d'artillerie monté de la division ; et, de la sorte, les troupes d'avant-garde et de soutien, — c'est-à-dire ce que l'on peut appeler les troupes d'attaque directe ou de première ligne, — comprendront ensemble la division de tête du corps d'armée tout entière, soit à peu près 12,000 hommes.

Les troupes de deuxième ligne seront formées par la seconde division du corps d'armée ou division de queue, et par les troupes non endivisionnées. Ce seront, en quelque sorte, les réserves du corps d'armée. Mais nous n'entendons pas par là que ces troupes garderont une attitude passive, et attendront pour agir que les combattants de première ligne aient subi un échec et aient besoin de renforts. Nous pensons, au contraire, et l'expérience de la dernière guerre le prouve péremptoirement, qu'*il est de la plus haute importance de faire prendre une attitude* OFFENSIVE *à la plus grande partie possible des troupes qui arrivent successivement sur le terrain de l'action.* Non-seulement donc nous admettrons que l'on doit faire entrer en ligne l'artillerie de réserve ou artillerie de corps, mais encore nous attribuerons le même rôle actif à presque toutes les autres troupes de deuxième ligne, et nous nous bornerons à laisser disponible, comme réserve proprement dite de champ de bataille, un effectif de troupes ne dépassant pas le quart ou la cinquième partie de l'effectif total. Cette réserve passive se composerait, par exemple, d'une légion d'infanterie et des deux bataillons restants du régiment de chasseurs à pied; elle serait sous les ordres du général de brigade de la seconde division.

Cependant l'artillerie de corps et les deux légions de la division de queue, dont on pourra ainsi disposer pour l'action, défalcation faite de la réserve passive, ne devront pas être engagées immédiatement par une marche *directe* à travers la division de tête engagée. On n'arriverait ainsi qu'à la confusion et à l'inutilisation des forces. A notre avis, ces troupes de renfort devront obliquer sensiblement, et, par des chemins latéraux, venir attaquer l'ennemi de côté ou en flanc. Et ainsi se produira tout naturellement ce fameux *mouvement tournant* dont nous avons si souvent éprouvé les effets dans la dernière guerre, et qui résultait bien moins d'habiles feintes de l'ennemi que d'une manœuvre et d'une prescription toutes simples, destinées à faire entrer en ligne des troupes présentes sur le champ de bataille, qui ne devaient pas rester inutiles, et qui ne pouvaient traverser ni renforcer directement, sans confusion, d'autres troupes déjà engagées.

De l'exposé succinct que nous venons de faire résulte donc évidemment cette conclusion : que le système ternaire appliqué au fractionnement des divisions d'infanterie facilite considérablement la répartition des grandes unités, et sauvegarde absolument l'intégrité et la promptitude du commandement. Nous eussions pu, au contraire, relever les difficultés de toutes sortes qui existent pour la répartition simple de ces unités de toutes armes, en troupes d'avant-garde, de soutien et de réserve dans le système actuel, où les divisions sont formées de deux brigades de deux régiments; sans cesse, dans cette ancienne organisation, on arrive à l'obligation d'un morcellement illogique et éphémère. Quand, à cause de la répartition des services, une division ou une brigade se scindent en deux parties égales, cas fréquent et nécessaire, le général de division ou de brigade reste avec une seule sous-unité sous ses ordres, ce qui crée naturellement un rouage inutile, par conséquent nuisible. Quand les détachements doivent se former, les armes spéciales et les troupes accessoires ne peuvent se subdiviser dans un rapport arithmétique simple, avec les troupes d'infanterie qu'elles doivent accompagner. De là, des tâtonnements, des incertitudes, des conflits. Or, à la guerre, tout doit, autant que possible, être simple, correct et prévu d'avance. Les proportions entre les diverses fractions des troupes agissantes ne sont pas de vaines formules, et doivent toujours être combinées et préparées avec précision; c'est pourquoi nous préconisons formellement l'adoption du système ternaire, car nous venons de voir que ce système se prête avec une remarquable exactitude et une grande simplicité aux dispositions d'ensemble qui nous ont paru nécessaires pour toutes les armes. Pour mieux faire sentir, du reste, la régularité et la simplicité du système que nous venons d'exposer, nous représentons, par la figure théorique ci-après, l'ensemble des mouvements que nous venons d'indiquer. Il est évident que cette figure ne saurait s'appliquer *à priori* à la majorité des cas; car les circonstances de la guerre et les dispositions topographiques sont trop variables pour que l'on puisse formuler des règles précises et générales pour tous les mou-

Exemple de dispositif de route d'un corps d'armée de 30,000 hommes, et de sa mise en ordre de bataille vers la gauche.

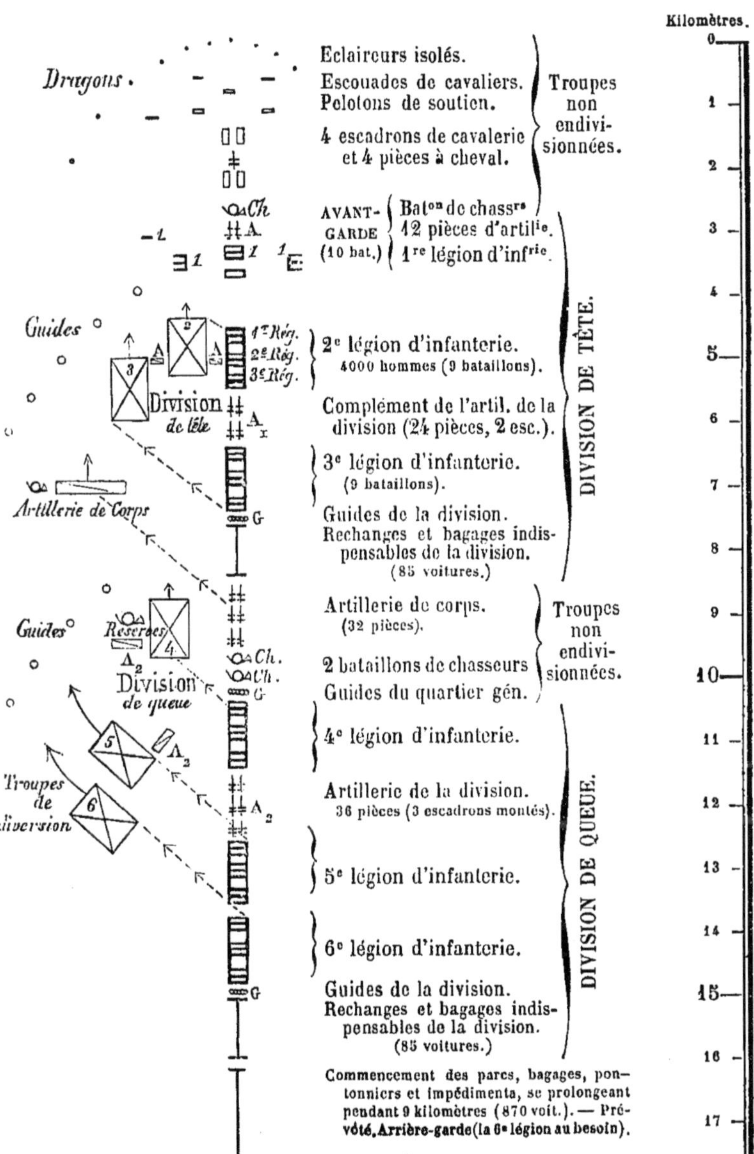

vements d'un corps d'armée entrant en action. Mais nous avons voulu seulement donner ainsi un exemple explicatif plus saisissant de l'ensemble du dispositif proposé.

Nous admettons, — cas fréquent, quoique défavorable, — que le corps d'armée, composé comme nous l'avons défini, est obligé de cheminer sur une seule route. Pour la dimension représentative de la longueur des colonnes, nous avons supposé un inévitable allongement du quart sur la longueur réglementaire.

Nous supposons, en outre, que la sécurité de ce corps est complétement assurée sur sa droite, soit par l'existence d'un obstacle infranchissable, soit par la présence d'autres corps d'armée très-rapprochés. Le général en chef n'aura donc pas à se préoccuper de la situation de l'ennemi vers sa droite, et tous les corps de troupe s'engageront par un *En avant en bataille*, ou un oblique à gauche. Cette hypothèse est faite uniquement pour la clarté de la figure et des écritures qui s'y rapportent. Il est évident que généralement, au contraire, l'avant-garde heurtera l'ennemi vers le milieu du front de celui-ci, et que la deuxième et la troisième légion devront, par exemple, s'engager, l'une à droite, l'autre à gauche de cette avant-garde. Dans ce cas, l'objectif de l'artillerie de corps et des troupes de diversion (cinquième et sixième légion) dépendra, vers la droite ou la gauche, de la disposition du terrain ou des villages, et de la recherche des points où les mouvements tournants et latéraux ont des chances de succès. Mais, dans tous les cas, la distribution des corps de troupe engagés et répartis suivant les dispositifs du système ternaire que nous avons exposé, reste favorable pour l'unité et la facilité des ordres et des mouvements.

Examinons maintenant la période de lutte proprement dite, et voyons comment se comporteront les unités ternaires que nous avons constituées, légions, régiments, groupes et compagnies, quand chacune de ces unités aura reçu l'indication de son objectif tactique.

Nous savons, d'après des principes trop longtemps méconnus mais maintenant généralement admis, que nous devons disposer nos unités dans l'ordre dit *en profondeur*, pour la meilleure distribution des combattants. Les troupes placées sous les ordres d'un chef unique doivent autant que possible être réparties en échelons successifs, placés les uns derrière les autres dans le sens du va-et-vient du combat, pour donner le maximum d'effet possible.

Autrement dit, si l'on dispose de deux troupes égales, au lieu d'en déployer une entièrement et de laisser l'autre en réserve derrière la première, il vaut mieux les engager toutes les deux à la même hauteur, et laisser en réserve la moitié de chacune d'elles.

En somme, la proportion des troupes engagées et des troupes en réserve est ainsi la même dans les deux cas; mais l'ordre en profondeur procure, sur l'ordre en largeur, l'avantage de mieux faciliter la transmission des commandements, de mieux assurer l'envoi des renforts, et d'éviter en même temps pour les troupes les mouvements latéraux ou de flanc, nécessités par les démonstrations ou les concentrations momentanées.

Ainsi, lorsqu'un chef militaire, ayant plusieurs régiments sous ses ordres, aura reçu la désignation de son objectif tactique, — soit offensif (attaquer un village, un mamelon, etc.), soit défensif (se maintenir sur une ligne de crête ou un petit ruisseau), — il devra chercher à assigner à chacun de ses régiments en particulier un objectif secondaire partiel; et gardant la direction du mouvement d'ensemble il ne devra pas hésiter à laisser aux colonels des régiments l'initiative et la responsabilité de leurs propres opérations.

Au lieu de faire effectuer l'ensemble de l'attaque, par exemple, par un seul régiment, embrassant tout le terrain de la lutte, et soutenu en arrière par un ou deux autres régiments en réserve se répartissant aussi sur toute la largeur de la ligne, *on engagera donc partout les têtes de colonne*, et celles-ci auront pour réserves ou soutiens, des troupes faisant partie de la même unité tactique qu'elles.

Nous ne croyons pas devoir insister ici sur ce principe, parce que depuis quelques mois les écrivains militaires qui ont étudié les dispositifs tactiques de l'infanterie, après avoir exposé avec beaucoup de détails les avantages et les inconvénients des divers systèmes, ont presque tous conclu en faveur de l'adoption de l'ordre en profondeur. Nous ne relèverons donc pas les exemples nombreux que l'on peut citer sur ce sujet dans l'histoire des guerres récentes, ni les objections diverses que l'on peut présenter, et nous admettrons cet ordre en profondeur, comme devant être le plus avantageux, soit pour l'offensive, soit pour la défensive.

Ceci posé, considérons comme unité tactique d'arme l'ensemble de troupes d'infanterie que nous avons appelé légion, c'est-à-dire un effectif de 4,000 fantassins environ, formant le tiers de la division. D'après ce qui précède, le colonel de légion devra recevoir du général de division la désignation de son objectif tactique, et sa troupe occupera sous ses ordres *une tranche* du terrain de l'action, sur laquelle il y aura lieu de disbribuer les unités et sous-unités élémentaires suivant les difficultés ou l'étendue des opérations.

Si, par exemple, la légion se trouve bien encadrée à droite et à gauche, soit par des obstacles naturels presque infranchissables, soit par d'autres troupes suffisamment puissantes, les trois régiments pourront engager simultanément leurs têtes de colonne, gardant comme soutien ou réserve leurs deuxième et troisième bataillons. Si, au contraire, on doit tenter ou craindre un mouvement oblique ou tournant, un ou deux régiments seulement seront engagés de front, le reste de la légion devant agir en flanc. En somme, on aura toujours dans la légion trois colonnes distinctes, — celle de droite, celle du centre et celle de gauche, — formées chacune d'un régiment; mais les régiments des ailes ne s'engageront directement de front que si aucun incident n'exige leur mise en action vers le flanc qu'ils occupent.

Largeur du front. — La largeur de la bande de terrain occupée par une troupe vis-à-vis de l'ennemi, autrement dit son front d'attaque ou de résistance, dépend évidemment des circonstances générales de l'action, des péripéties de la lutte, et du chiffre total des forces engagées par rapport au terrain embrassé. La plupart des écrivains militaires admettent que la meilleure proportion d'effectif est celle qui correspond, pour un front de 1 mètre, à un chiffre de 6 à 8 hommes de profondeur; c'est-à-dire que pour bien occuper un front de 1000 mètres il faut 6,000 à 8,000 hommes.

Lorsque l'effectif augmente au delà de ce chiffre, on ne saurait bien utiliser tous les combattants et l'on peut avoir à craindre l'encombrement en arrière; lorsque l'effectif diminue au-dessous de cette proportion, les lignes se trouvent affaiblies, l'ennemi peut leur opposer des forces supérieures en nombre et les réserves doivent souvent prendre part à la lutte prématurément.

Le front tactique qui, d'après cela, serait le plus convenable pour une légion de 4,000 hommes devrait donc avoir une largeur de 500 à 600 mètres environ. Or les neuf bataillons de la légion, déployés en bataille, les uns à côté des autres, et laissant entre eux des intervalles minima de 30 mètres pour la facilité des évolutions et le passage de l'artillerie, occuperaient en tout une largeur de 1,400 à 1,500 mètres (y compris la moitié de l'intervalle avec la légion voisine), c'est-à-dire une largeur totale triple du front tactique normal de la légion. De la comparaison de ces chiffres résulte donc, au moins, la nécessité de disposer ces neuf bataillons sur trois lignes différentes, placées les unes derrière les autres; et ainsi nous trouvons une nouvelle confirmation de la nécessité de l'adoption du système ternaire, puisque chacune de ces lignes, soit en largeur, soit en profondeur, se composera de 3 bataillons.

Mais sans insister plus qu'il ne convient sur ces résultats arithmétiques, qui sont en réalité plus théoriques que pratiques, examinons sur le terrain de combat le rôle tactique du régiment, unité d'action, sous les ordres de son colonel. Nous savons que ce régiment sera en moyenne fort de 1,200 à 1,300 hommes divisés en 3 bataillons ou groupes, subdivisés en 3 compagnies ou 6 pelotons.

Ici nous allons pouvoir préciser absolument le rôle de chacune des unités ou sous-unités élémentaires, d'abord parce que les guerres récentes ont déterminé par expérience le rôle et le mode d'emploi de ces régiments à trois bataillons, ensuite parce que notre analyse s'étendra sur un champ d'opérations beaucoup plus restreint, duquel nous pourrons éliminer la plupart des causes d'indétermination résultant des phases diverses de la lutte d'ensemble.

Voici, — d'après les diverses études qui ont été publiées récemment sur ce sujet, et d'après les expériences faites sur les champs de manœuvres par l'armée allemande en 1872 et 1873, — comment il semble rationnel de disposer théoriquement les troupes pour l'action :

Le bataillon de tête, de 3 compagnies ou 6 pelotons, étant déployé en bataille, détache d'abord en échelons en avant sa première et sa troisième compagnie. Ces deux compagnies s'arrêtent après avoir marché 150 mètres environ, et chacune d'elles déploie en tirailleurs sa demi-section de droite et sa demi-section de gauche, en gardant comme soutien les deux demi-sections du centre.

L'ensemble du bataillon de tête, ou groupe d'attaque du régiment engagé, présente alors la disposition suivante :

1° Une chaîne continue de tirailleurs formée de quatre demi-sections, soit en tout 120 hommes environ, dont 100 fusiliers tireurs;

2° A 100 ou 130 mètres en arrière, deux pelotons de soutien forts chacun d'environ 60 hommes;

3° A 150 mètres encore plus loin, une compagnie entière en réserve de tirailleurs, avec le chef du bataillon-groupe.

Le front du bataillon d'attaque est donc couvert par le tiers de l'effectif de ce bataillon déployé en tirailleurs; et l'ensemble de la troupe est divisé en trois parties égales : tireurs, soutien et réserve.

En arrière de ce bataillon ou groupe d'attaque, et à 230 mètres plus loin, se trouve un autre bataillon du régiment, formant ce que l'on peut appeler la première ligne, ou ligne de renfort.

Enfin à 300 mètres plus en arrière, se trouve le dernier bataillon du régiment formant la deuxième ligne ou ligne de réserve.

En supposant que la chaîne des tirailleurs se trouve à une portée moyenne de 400 mètres des tireurs ennemis, on voit ainsi que les pelotons de soutien sont à 520 mètres environ de ceux-ci, et que la compagnie de réserve en est à 670 mètres; puis la première ligne est à 900 mètres et la deuxième ligne à 1,200 mètres de la ligne de feu de l'adversaire.

Ces dimensions montrent que les soutiens et même les réserves de tirailleurs seront assez fortement en prise au tir de l'adversaire, et que les troupes qui les composent devront soigneusement se tenir couchées ou défilées. La première ligne à 900 mètres des tireurs ennemis est moins en danger pour la mousqueterie, et pourra au contraire se tenir en ordre de manœuvres, en colonne de compagnies par exemple, ou bien encore les pelotons marchant par le flanc. La deuxième ligne enfin, à 1,200 mètres du feu de l'ennemi, pourra se tenir, soit déployée, soit en colonnes, et n'aura à se préoccuper que des dangers provenant du feu d'artillerie.

Cet ordre de bataille du régiment paraît remplir les diverses conditions que l'on doit chercher à atteindre. Grâce à l'adoption de l'ordre en profondeur, la facile transmission des ordres, et le prompt envoi des renforts nécessaires sont assurés, ainsi qu'une juste répartition des tireurs engagés et des réserves; chaque chef a sa sphère d'action bien déterminée, et l'initiative de chaque officier, vis-à-vis de la troupe qu'il commande, reste entière.

Ainsi, au premier rang les tireurs en ligne, ou plutôt groupés par essaims, sont sous les ordres directs des officiers de section; chacun de ceux-ci commande 25 tireurs environ et est aidé dans sa tâche par un sous-officier et 2 caporaux. A une faible distance de cette chaîne continue, et à portée de la voix derrière ces tirailleurs, se tient leur capitaine, qui dispose d'un soutien d'environ 50 à 60 hommes avec 3 sous-officiers et 5 caporaux; c'est le capitaine qui dirige les mouvements de la ligne, ou des essaims de tirailleurs, de sa compagnie; c'est lui qui désigne et envoie, par un ou par deux, les hommes du soutien renforcer les essaims, ou remplacer les tirailleurs mis hors de combat. Derrière ces soutiens, enfin, se tient en réserve, vers le centre, une compagnie entière de 120 à 140 hommes, auprès de laquelle se trouve le commandant et l'état-major du petit bataillon. Le commandant dirige par signaux les mouvements de l'ensemble des tirailleurs de son groupe ou bataillon; il envoie ses ordres aux deux capitaines engagés, surveille les flancs, fait exécuter les feux de salve nécessaires et enlève ses hommes en colonne d'attaque au besoin, etc.

Dans la disposition que nous venons d'exposer tout paraît simple, correct, précis. On offre peu de prise à l'ennemi, le tir et la marche sont libres, l'envoi des renforts est facile [1], et chaque chef a un commandement direct dont l'importance est en rapport avec son grade.

Pour permettre de mieux saisir ce dispositif, nous le représentons du reste par la figure ci-après, dans laquelle, — hypothèse évidem-

---

[1] Lorsqu'il se produit un vide ou une trouée dans la ligne, les renforts nécessaires doivent exclusivement provenir des soutiens ou réserves en arrière. Il est illusoire, dans ce cas, de compter sur des mouvements de flanc des tirailleurs pour modifier leurs intervalles primitifs.

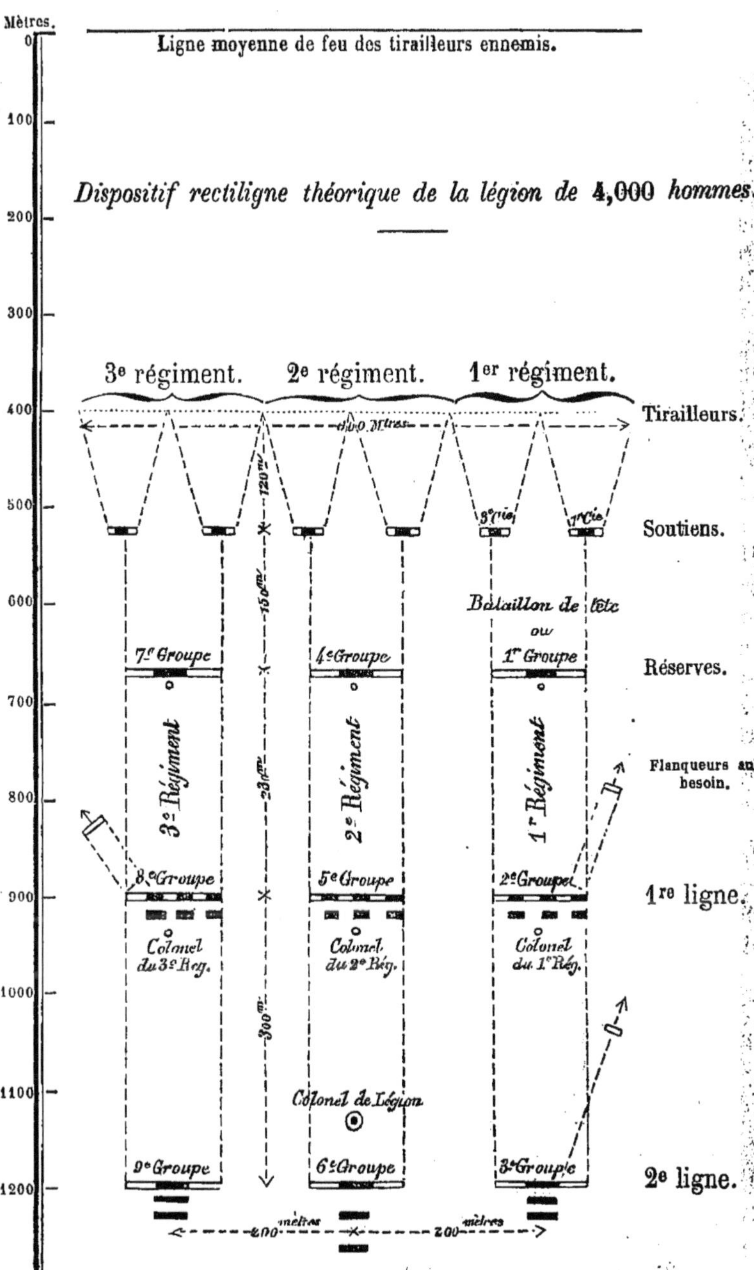
Mètres.
Ligne moyenne de feu des tirailleurs ennemis.
Dispositif rectiligne théorique de la légion de 4,000 hommes.
3e régiment.
2e régiment.
1er régiment.
Tirailleurs.
Soutiens.
Balaillon de tête
ou
1r Groupe
Réserves.
7e Groupe
4e Groupe
3e Régiment
2e Régiment
1r Régiment
Flanqueurs au besoin.
8e Groupe
5e Groupe
2e Groupe
1re ligne.
Colonel du 3e Reg.
Colonel du 2e Rég.
Colonel du 1r Rég.
Colonel de Légion
9e Groupe
6e Groupe
3e Groupe
2e ligne.
200 mètres
200 mètres

ment idéale et irréalisable, —nous supposons une légion de 3 régiments engagée en terrain horizontal, sans accidents du sol, ni village, et combattant entièrement de front, sans se préoccuper de ses flancs, couverts soit par des troupes amies, soit par des obstacles infranchissables. Le deuxième et le troisième régiment de cette légion sont ainsi venus porter leurs têtes de colonne à la hauteur de celle du premier régiment, primitivement engagé. D'un seul coup d'œil on saisit ainsi la disposition relative des régiments, groupes ou compagnies, et l'on constate la simplicité des déploiements, ainsi que la facilité du commandement et de l'envoi des secours.

Dans cette figure, nous avons supposé que les tirailleurs déployés marchaient alignés, à 2 mètres de distance l'un de l'autre. Cet intervalle est en effet celui qui convient le mieux, croyons-nous, pour la commodité du tir et des mouvements individuels; c'est celui qui donne en même temps la ligne de feu la plus nourrie possible, car on ne peut guère resserrer cet intervalle sans entraver les mouvements des tirailleurs. En admettant donc ce chiffre de 2 mètres ou 3 pas, comme normal et réglementaire, on trouve ainsi que les 100 tireurs qui couvrent le front d'un régiment occupent une longeur de 200 mètres, et que l'ensemble de la légion de trois régiments occupe un front ou une largeur totale de 600 mètres; de la sorte nous retrouvons la confirmation du chiffre de 600 mètres, que nous avons admis ci-dessus comme le plus efficace pour le front de combat de la légion, chiffre qui correspond à un effectif en profondeur de 6 à 8 hommes par mètre courant, — ce que nous avions accepté jusqu'ici sans discussion, d'après l'avis des écrivains militaires compétents.

Mais en réalité nos tireurs seront loin de marcher en ligne à cette équidistance de 2 mètres. Ils se grouperont, au contraire, en petits essaims pour profiter des moindres accidents naturels ou artificiels du terrain. C'est sur le champ de Mars seulement que cette régularité de formation sera usitée.

De même, les têtes de colonne de chaque régiment, au lieu de marcher alignées, se conformeront aux accidents de terrain et aux péripéties de l'action; mais elles resteront accompagnées en arrière par les bataillons de renfort de leur régiment, de manière que l'ensemble de celui-ci continue à constituer sans cesse une unité d'action bien définie, énergiquement maintenue sous les ordres directs de son colonel. Le colonel de légion dirigera l'ensemble des mouvements de ses trois régiments, et les coordonnera entre eux. Dans ce but la figure montre que les pelotons des ailes de la première ligne sont chargés au besoin d'assurer le flanquement, c'est-à-dire de déployer des tirailleurs sur les ailes, et de relier la légion avec ses voisines, ou les régiments entre eux.

Conclusion.

Ainsi, pour le régiment comme pour la légion, nous venons de reconnaître que les cadres et les organisations que nous avons déterminés méthodiquement au commencement de cette étude, conviennent aussi bien aux dispositifs de route qu'à l'ordre de combat; après nous être inspiré des travaux qui ont été publiés par divers auteurs français ou étrangers sur la nouvelle tactique probable de l'infanterie, nous sommes arrivé à cette conclusion que la légion à trois régiments, de trois groupes de 450 hommes, satisfait parfaitement bien aux diverses conditions d'ordre, de commandement et de mobilité que l'on doit chercher à atteindre. Il suffit, au contraire, de jeter un coup d'œil sur les figures où l'on représente les nouvelles méthodes tactiques appliquées à la division de 4 régiments ou 12 bataillons de 1000 hommes, pour saisir immédiatement les vices d'une organisation irrationnelle. En vain l'on voudrait s'efforcer de répartir ces 12 bataillons de 4 compagnies de 250 hommes d'une manière logique et simple, on ne peut arriver qu'à des distributions irrégulières, exigeant un numérotage soigneux des unités, et faisant intervenir sans cesse l'exercice de commandements *latéraux*, inutiles ou indirects.

Nous avons déjà insisté sur les autres avantages que paraît présenter le système que nous venons d'exposer, au point de vue de la facilité de l'instruction et de la bonne répartition des grades; nous avons vu que nous avions pu étendre ce système à toutes les armes, et faire profiter tous les corps de troupe des avantages que nous avons signalés. De la sorte, nous avons garanti à l'ensemble de l'armée une équitable répartition des commandements et de l'avancement, et nous avons assuré en même temps la facilité des détachements et la simplicité des fractionnements.

D'autre part, nous avons donné à chacun de nos 18 corps d'armée une organisation simple, mobile, débarrassée de rouages inutiles et d'unités hétérogènes, tandis que nous avons constitué latéralement, indépendamment de ces corps d'armée, des troupes spéciales dites d'*armées*, chargées, soit d'exécuter les travaux techniques, soit de remplir un rôle général dans l'ensemble des opérations de guerre. Là encore nous avons recherché et nous croyons avoir atteint la simplicité et la régularité des organisations.

Enfin, en dernier lieu, nous pouvons ajouter que l'adoption du système que nous venons d'exposer permettrait de réaliser annuellement des économies très-sérieuses, et que par conséquent la constitution des cadres que nous avons proposés rendrait disponibles chaque année des sommes importantes, fructueusement applicables à l'augmentation de notre matériel de guerre, ou à l'extension de l'instruction des disponibles ou des réservistes; tandis que l'imitation servile des organisations allemandes, — lesquelles sont déjà vieillies et ne paraissent plus à la hauteur des progrès de l'art militaire et du perfectionnement des armes de tir, — n'aboutirait qu'à une augmentation de dépenses, qui, ainsi que nous le disions en commençant, pourrait avoir une influence désastreuse sur la solidité de notre édifice militaire, à cause des réductions subites ou irréfléchies qu'elles pourraient ultérieurement motiver.

En résumé, nous nous sommes efforcé ainsi de constituer des corps de troupe homogènes, dont l'instruction et l'administration sont faciles, dont le fractionnement en sous-unités souples, maniables et bien commandées est assuré; nous avons cherché à garantir aux officiers des occupations convenables, ainsi qu'un avancement suffisant, et nous avons réussi à proposer en même temps la réalisation d'économies importantes pour le Trésor.

Nous sommes-nous rapproché du but que nous nous sommes efforcé d'atteindre? Il nous est permis de l'espérer. En tous cas l'étude à laquelle nous venons de nous livrer a eu du moins pour résultat de nous permettre de mettre en lumière certains points qui étaient peut-être encore restés obscurs dans le fonctionnement normal de nos futures unités, et de faire ressortir certains principes d'organisation et d'économie militaires qui pourront être utiles plus tard, lorsqu'il s'agira de constituer les cadres de notre armée d'une manière aussi robuste que rationnelle.

TABLE DES MATIÈRES.

Paris. — Imprimerie de J. DUMAINE, rue Christine, 2.

www.ingramcontent.com/pod-product-compliance
Ingram Content Group UK Ltd.
Pitfield, Milton Keynes, MK11 3LW, UK
UKHW020940180726
13838UKWH00003B/1045

9 782019 722715